Bestell-Nr.: RKW 5025

Titelbild: Unsplash / Alice Pasquall
Lektorat, Satz und Gestaltung: RKW / J. Dörr
Korrektorat: Inge Frantzen

Druck und Verarbeitung:
Drukarnia Dimograf, Bielsko-Biała, Polen

ISBN 978-3-86338-025-0

www.kawohl.de

Doris Schulte

So lebt sich's wirklich gut

Mein
Andachts-Tagebuch
für das ganze Jahr

kawohl

Inhaltsverzeichnis

Vorwort

Lieber Leser, liebe Leserin,

Das Sprichwort „Aus den Augen, aus dem Sinn“ trifft auch zu in Bezug auf das, was wir in der letzten Woche oder an diesem Morgen in der Bibel gelesen haben. Wenn wir uns an etwas erinnern wollen, schreiben wir es meistens irgendwo auf: In einem bestimmten Ordner in unserem Computer, in einem Notizheft oder in einem Tagebuch. Hauptsache, wir vergessen es nicht. Das „Journaling“ (regelmäßiges Aufschreiben) beim Bibellesen kann uns eine große Hilfe sein. Es ist eine nützliche Übung, die hilft, sich weniger ablenken zu lassen. Es festigt Überzeugungen, die wir schon im Herzen tragen. Wir können uns immer wieder Erkenntnisse und Weisungen, die Gott uns über sich, über uns und über das Leben gezeigt hat, vor Augen führen. Ebenso die Spuren, die Gottes Hand in unserem Leben hinterlassen hat, oder Ereignisse, die unser geistliches Wachstum beschleunigt und vertieft haben. Es kann unseren Blick neu auf das Wesentliche ausrichten.

Dieses „Andachts-Tagebuch“ ist ein interaktives Andachtsbuch. Es soll Sie ermutigen und Ihnen helfen, Gott und sein Wort als Ihre Alltags-Wegbegleiter besser kennen und schätzen zu lernen. Dafür sollten Sie neben diesem Andachtsbuch auch eine Bibel zur Hand haben. Falls Sie noch keine Bibel besitzen, empfehlen wir Ihnen, sich eine Bibel in heutigem Deutsch zuzulegen. Aufschlussreich kann es auch sein, verschiedene Übersetzungen einer Bibelstelle zu vergleichen. Besonders komfortabel geht das auf der Plattform www.bibleserver.com.

Woche für Woche behandle ich jeweils ein alltagsrelevantes Thema, welches am ersten Tag der Woche durch einen Bibeltext und einen Impuls eingeleitet wird. Für die übrigen Tage der Woche habe ich Bibelstellen zusammengestellt und Ihnen Kernsätze dazugeschrieben, um Sie zu ermutigen, Ihre eigenen Gedanken zu formulieren. Dazu empfehle ich Ihnen, sich neben dem Andachtsjournal und der Bibel ein Notizbuch zuzulegen für den Fall, dass Sie mehr Platz brauchen, um Ihre Gedanken und Gebete festzuhalten.

Sprechen Sie am Anfang Ihrer Zeit mit Gott ein Gebet. Bitten Sie ihn, dass er Ihnen durch das Bibellesen immer wieder neu begegnet und Ihnen hilft, sein Reden zu verstehen. Danach lesen Sie den jeweiligen Abschnitt in Ihrer Bibel sorgfältig durch. Sie können den Text laut lesen oder zweimal still durchlesen. Beides ist hilfreich. Während Sie den Text lesen, können Sie sich von folgenden Fragen leiten lassen:

- Welche Fragen habe ich zum Text?
- Was wären meine Antworten darauf?
- Worum geht es im Text hauptsächlich?
- Was offenbart der Text über Gott? Über Jesus? Über den Heiligen Geist?
- Was offenbart der Text über ein Leben ohne Gott?
- Was offenbart der Text über Nachfolge?
- Zu welchem Denken und Fühlen, zu welchen Reaktionen fordert mich dieser Text auf?
- Welche Hilfestellung gibt der Text dazu?
- Was sollte ich im Leben tun oder lassen?

Sie können auch eine seelsorgerliche Methode benutzen:

- Will ich etwas tun oder weiterhin tun, obwohl ich weiß, dass es falsch ist und Gott nicht gefällt?
- Will ich etwas haben, was Gott mir bislang nicht zugeteilt hat, obwohl er es könnte, wenn er wollte?
- Will ich mehr darstellen als ich bin? Warum?
- Gibt es jemanden, dem ich keine guten Tage oder keinen Erfolg gönne?
- Gibt es jemanden, dem ich nicht vergeben will, obwohl Gott mir meine Schuld schon x-mal vergeben hat?

Sie können auch versuchen, das gelesene Wort Gottes mit Ihren eigenen Worten nachzuschreiben. Formulieren Sie es so, wie Ihnen die Worte kommen. Das hilft Ihnen, Gottes Gedanken auf Ihre Art und Weise ohne viel Mühe persönlich an andere weitergeben zu können.

Reden Sie anschließend mit Gott über das, was Sie gelesen und gelernt haben. Danken Sie ihm und loben Sie ihn. Nennen Sie ihm Ihre Anliegen und Wünsche. Bitten Sie ihn, dass er Ihnen beim Ausleben der biblischen Wahrheiten hilft und dabei Gelingen schenkt. Überlegen Sie auch, was Sie andern von dem, was Sie gelernt haben, erzählen möchten. Tun Sie das, was Sie erkannt haben. Verschieben Sie es nicht auf morgen.

Nicht jeden Tag wird Sie das Gelesene berühren oder zu etwas bewegen. Dennoch dürfen Sie wissen, dass es wichtige Informationen sind, die in Ihrem Herzen gespeichert werden. Der Heilige Geist kann sie später zu einem bestimmten Zeitpunkt hervorholen, damit Ihnen selbst oder jemand anderem dadurch geholfen wird. Sie dürfen wissen: Jedes Mal, wenn Sie Ihre Bibel und Ihr Andachtsjournal öffnen, öffnen Sie auch das Ohr Ihres Herzens. Wenn Gott mit Ihnen reden möchte, sind Sie bereit zuzuhören.

Ich wünsche Ihnen viel Freude und Gottes Segen bei Ihrem persönlichen Austausch mit Gott auf Papier, sei es mit Gedanken aus der Bibel oder aus Ihrem eigenen Herzen. Möge das „Journaling" beim Bibellesen zu einer Ihrer gewinnbringendsten Gewohnheiten werden.

So lebt sich's gut!

Ihre

Doris Schulte

1. Woche

Achtsamkeit

Psalm 104

Aufmerksam leben lernen

Vorbilder haben einen gestaltenden Einfluss auf unser Leben, der weite Kreise zieht, ob uns das bewusst ist, oder nicht. Meine Achtsamkeit im Blick auf meine Umwelt prägt mich. Und das gilt auch für mein Handeln oder Nicht-Handeln. Auch wenn mein Leben vielleicht keine großen Kreise zieht, berührt es trotzdem Andere und hinterlässt Spuren.

Ich denke dabei gerade an etwas, was ich von einer fröhlichen Diakonisse gelernt habe, deren freundliche Ausstrahlung und Achtsamkeit bezüglich der vielen guten Gaben Gottes mich sehr beeindruckt haben. Ihre Verantwortung im Diakonissenhaus, in dem sie lebt und arbeitet, ist die Fürsorge für die Gäste. Mein Eindruck war, dass diese Aufgabe gleichzeitig auch ihr inniges Herzensanliegen war. Sie hatte sich zum Ziel gesetzt, dass es den Gästen gut gehen möge und dass jede Mahlzeit zu einem Erlebnis werden solle. Zu diesem Zweck hatte sie etwas eingeführt:

Bevor sich die versammelten Gäste über das reichhaltige Buffet hermachen konnten, sollten sie ganz bewusst wahrnehmen, was da eigentlich serviert wurde. Sie sprach also das Dankgebet nicht, bevor sie einige der Lebensmittel auf dem Tisch bis ins letzte Detail erklärt und beschrieben hatte: die leuchtenden Farben der verschiedenen Paprikaschoten, die Birnen, die Kartoffeln, das selbstgemachte Müsli „Koinonia" und vieles mehr. Während sie beispielsweise erzählte, dass Gott über tausend Sorten Birnen geschaffen hat, und wir heute die Sorte X verzehren würden, griff sie behutsam zu einer dieser Birnen, führte sie an ihre Nase und schwärmte vom Duft, von der Farbe und vom einzigartigen Geschmack eben dieser Birne. Danach machte sie uns darauf aufmerksam, dass, bevor frische Brötchen im Korb liegen, viel Regen und Sonnenschein nötig seien, zusätzlich zu den Mineralien aus der Erde. Ohne all dies würden die Zutaten nie gedeihen und wir die daraus erstellten Backwaren heute nicht auf dem Tisch haben. Zum Schluss fesselte sie uns mit ihrer großen Dankbarkeit Gott gegenüber, dass er uns so viel

Gutes und Schönes zum Kochen, Essen und Genießen zur Verfügung gestellt hat.

Ihre achtsame Wahrnehmung von Lebensmitteln und wie man sie am besten zubereitet und isst, brachten mich zum Staunen. Sie nahm sich genauso viel Zeit für die Achtsamkeit gegenüber Gottes Gaben wie für ihr begeisterndes Lob- und Dankgebet an Gott. Danach gab es bei den Gästen an allen Tischen nur ein Gesprächsthema: Alle bekannten, dass diese Achtsamkeit beim Kochen und Essen bei ihnen schon lange in Vergessenheit geraten war. Besonders dann, wenn sie gestresst seien. Alle waren sich einig: So wie diese Diakonisse das Essen eingeläutet hatte, so wollten sie es demnächst auch tun: erst achtsam wahrnehmen, was man alles vorbereitet, gekocht oder im Restaurant bestellt hat, und dann Gott dafür loben und danken. Sie wollten sich mehr Zeit für die Mahlzeiten nehmen und diese nicht länger so schnell oder nebenbei essen, und sie auch ohne Fernsehen, Radio oder Werbepost genießen.

Diese Achtsamkeit ehrt Gott, denn sie nimmt alle und alles wahr, was er geschaffen hat. Ich möchte mir das abschauen. Wahrzunehmen, sorgfältig und aufmerksam, was ich in, an und von Gott habe. Ich will es wertschätzen und darüber reden wie jene Diakonisse, um so möglichst selbst Spuren im Alltag der Menschen zu hinterlassen, die um mich herum sind. So lebt sich's gut.

Tipp Ein achtsames
Leben wird da möglich,
wo wir uns bewusst begrenzen
und uns Zeit nehmen,
um uns auf das Wesentliche
zu konzentrieren.

1. Woche

Achtsamkeit

Montag

Psalm 135

Kolosser 1,15+16

Psalm 50,10+11

Weil Gott alles sorgfältig und liebevoll erschaffen hat, sind seine Spuren in der ganzen Schöpfung zu entdecken.

Dienstag

Apostelgeschichte 3,4-5

Markus 10,21

Genau hinzuschauen, statt wegzuschauen, Menschen anzusehen, anstatt sie zu übersehen, das ist Ausdruck der Achtsamkeit gegenüber Menschen.

1. Woche

Achtsamkeit

Mittwoch

Lukas 8,8

Markus 4,12

Lukas 19,41-44

Wer nicht überhört, was Gott sagt, und nicht übersieht, was er tut, wird wahrnehmen und aufnehmen, wo Gott im Alltag am Wirken ist.

Donnerstag

Markus 10,51

Matthäus 9,36

Achtsamkeit heißt: mit offenen Augen, Ohren, Händen und Herzen den Menschen zugewandt zu sein.

Freitag

Psalm 103

Psalm 46,11

Vergessen Sie nicht, darauf zu achten, was schon war. Vergegenwärtigen und bewahren Sie das Gute, das Gott Ihnen schon gegeben hat.

1. Woche

Achtsamkeit

Samstag

Daniel 2,17-20

Kolosser 2,6-10

Apostelgeschichte 16,1-10

Galater 6,1-2

Achtsamkeit bringt uns in Kontakt mit dem, was Gott tun will.

2. Woche

Angst

Psalm 27,1-14

Mutige Schritte zur Gelassenheit

Wie üblich, wenn ich am nächsten Morgen einen Vortrag zu halten habe, ging ich abends früh ins Bett. Aber anstatt dass ich vom Wecker geweckt wurde, riss mich ein ungewöhnliches Klappern unserer Fensterläden aus dem Schlaf. Ein heftiger Sturm war die Ursache, und der hatte nicht nur diesen furchtbaren Lärm verursacht, sondern auch einen Stromausfall ausgelöst. Und nun sollte ich mich bald auf den Weg über die Sauerlandlinie machen, wo es viele Talbrücken gibt. Da hatte ich plötzlich einen Begleiter im Bett: die Angst. Sie schlich sich durch den Sturm in mein Schlafzimmer hinein und zischte mir Zweifel und Fragen ins Ohr: „Was wäre, wenn … was könnte dir unterwegs alles passieren …?" Da gingen plötzlich alle Lichter wieder an und ich konnte mich reisefertig machen.

Schon ein heftiger Windstoß oder ein Stromausfall reichen manchmal, um unsere ganze Gesinnung auf den Kopf zu stellen und uns an Gottes Güte zweifeln zu lassen. Angst, wer kennt sie nicht? Die Angst, zu versagen. Angst vor einem ansteckenden Virus. Angst vor Ablehnung. Vor Arbeitslosigkeit. Vor Höhen oder Tiefen. Die Angst vor uns selbst. Die Angst vor Krieg, Dunkelheit oder Einsamkeit oder die Todesangst. Hinter jeder Ecke lauert die Angst und droht, unseren inneren Frieden und unsere äußere Gelassenheit zu vergiften. Sie wartet nur darauf, uns in unseren verwundbaren Augenblicken zu erwischen und nagt mit Vorliebe an unserem Vertrauen auf einen liebenden Gott, der alles im Griff hat.

Psalm 27 liefert uns ein sehr effektives Gegengift, ein Rezept, das uns wohltuende innere Stärke garantiert. Der Psalmist begegnet seiner Angst mit zwei Fragen: „Vor wem sollte ich mich fürchten? Vor wem sollte mir grauen?" Er schlägt der Angst die Tür vor der Nase zu und behauptet voller Überzeugung: „Wenn sich auch ein Heer wider mich lagert, so fürchtet sich dennoch mein Herz nicht; wenn sich Krieg wider mich erhebt, so verlasse ich mich auf ihn" (Vers 3). „Der Herr ist mein Licht und mein Heil; der Herr ist meines Lebens Kraft“ (Vers 1)! Und anschließend geht er sehr entspannt seinem Alltag nach. Dabei vergisst er nicht, jeden Tag die Gegenmittel zur Bekämpfung seiner Angst einzunehmen:

1. das Gebet (Vers 4),
2. den Blick auf Gott (Vers 4),
3. Gottes Wort (Vers 4),
4. Gottes Schutz (Vers 5),
5. Anbetung (Vers 6),
6. Gelassenheit (Vers 13) und
7. Entschlossenheit (Vers 14).

Weil diese Gegenmittel bei ihm so erfolgreich sind, empfiehlt er sie jedem: „Sei stark und fasse Mut, vertrau auf den Herrn“ (Vers 14). Mut ist das effektive Gegenmittel und bedeutet Furchtlosigkeit, Kühnheit, Verwegenheit, Unerschrockenheit und Mumm. Mut ist die Angst, die gebetet hat. Mut wird inspiriert durch schlechte Nachrichten, durch Menschenfurcht oder Naturkatastrophen. Er wird herausgefordert durch Kritik und angeregt durch Bedrohliches. Mut ist einfach ein anderes Wort für innere Stärke, für Trotz gegen widrige Umstände und Selbstmitleid, für Risikofreudigkeit, Durchhaltevermögen und Widerstandskraft, wenn der Druck steigt und die Probleme zunehmen. Mut hat eine bleibende Kraft. Mut ist auch der Antrieb, der uns überzeugt, an einer Beziehung weiterzuarbeiten, statt sie aufzugeben. Mut hilft uns, treu zu bleiben, auch wenn niemand zuschaut. Mut hilft uns, Schmerzen zu ertragen, auch wenn keiner bei uns ist. Mut packt das Leben an und trägt uns. So lebt sich's gut!

Tipp Schreiben Sie auf, in welchen Situationen Sie schnell verunsichert sind und setzen Sie die sieben Schritte aus Psalm 27 gegen diese herausfordernden Situationen ein.

Montag

1. Samuel 17

Wenn wir mit Gott leben und Jesus nachfolgen, brauchen wir keine Angst vor uns selbst oder vor Menschen zu haben – und auch keine Angst vor dem, was Gott noch mit uns vorhat. Mut ermöglicht uns, siegreich für Gott zu leben.

Dienstag

Daniel 3,1-30

Gott ehrende Überzeugungen bringen von Gott gegebene Belohnungen mit sich, egal wie bedrohlich unsere Herausforderungen auch sein mögen.

2. Woche

Angst

Mittwoch

1. Könige 18,16-40

Römer 8,31-39

Gott selbst ist für uns, wer will sich dann gegen uns stellen?

Donnerstag

2. Mose 11,1-10

Nichts und niemand in der ganzen Welt kann es mit Gott aufnehmen und seine Pläne für unser Leben durchkreuzen.

Freitag

Josua 1,1-9

Mit Gott an unserer Seite können wir über Mauern springen.

Samstag

Hiob 2,1-10

Unerschütterliches Gottvertrauen hilft uns, schrecklichen Katastrophen, Schmerzen, Leid und dem Missverstanden-Werden durch Freunde mutig zu begegnen. Es macht uns bereit, Gottes Souveränität anzuerkennen.

3. Woche

Älterwerden

Jesaja 46,4

Erfahrungen schätzen und weitergeben

Dass Altwerden nichts für Feiglinge ist, wissen wir spätestens seit dem amüsanten Buch von Joachim „Blacky" Fuchsberger. Älter werden wir alle unweigerlich, und das ist weder schlecht noch gut. Es ist mit Chancen und Hürden, Möglichkeiten und Grenzen verbunden.

Als mein Mann vor zwei Jahren wegen Knieschmerzen bei seinem Hausarzt war, meinte der: „Leichte Schäden am Meniskus – damit muss man in Ihrem Alter rechnen!" Dabei war mein Mann überzeugt, dass das nicht sein könne, weil er nie Sport getrieben hatte und seine Knie daher, theoretisch, noch in einwandfreiem Zustand sein müssten. Kein Kratzer, kaum gebraucht! Extrem niedrige Kilometerzahl! Nur ein Besitzer, männlich! Beim Haareschneiden sagte ihm dann die freundliche Friseurin kürzlich: „Sie können schon Platz nehmen, junger Mann." Als Baujahr 1955 konnte er es sich nicht verkneifen zu sagen: „Jetzt haben Sie mich richtig alt gemacht!" Und als ich an einem Wochentag mittags mit meiner Mutter (91) im Restaurant Essen bestellen wollte, fragte die Kellnerin: „Soll es zweimal das Tagesangebot für Senioren sein? Oder lieber etwas anderes?"

Es ist schon irritierend, alt zu werden und dabei eindeutig in eine „neue" Schublade gesteckt zu werden. Und es gibt Aspekte, die uns Angst machen: Kann ich mithalten mit dieser sich immer schneller verändernden Welt? Mit diesem Werteverlust und der scheinbaren Wertebeliebigkeit? Und will ich das überhaupt? Wenn ich meinen Wert nicht mehr über meine Arbeit und mein Können beweisen kann, wer bin ich dann? Dass wir jetzt einen Seniorenteller zum günstigeren Preis bestellen können, ist ein schwacher Trost. Ein 100-Jähriger wurde gefragt, was denn das Gute daran sei, wenn man 100 Jahre alt werde. Seine Antwort: „Es gibt keinen Gruppenzwang!" Was aber ist, wenn mein Beziehungsnetz sich so ausdünnt, dass keiner mehr zu meiner Welt gehört? Kein Gruppenzwang, aber auch keine Gruppe mehr? Was ist, wenn ich „eigentlich" nicht mehr gebraucht werde?

Bob Buford hat schon vor 20 Jahren in seinem Bestseller „Halbzeit" (Projektion J, 1997) sehr gut beschrieben, dass Erfolg im Leben nicht das ultimative Ziel sein kann, sondern Bedeutung. Welche Bedeutung hat mein Leben noch? Bedeutung finde ich in der Erfahrung, die ich über die Jahre gesammelt habe. Wir erleben, wie eine neue Generation mit Elan, sehr viel Wissen und Tatendrang ihre Aufgaben anpackt und dürfen sie dabei begleiten. Wir kennen einige gute Abkürzungen und wissen um die nicht gekennzeichneten Sackgassen. Thomas Edison, der Erfinder der Glühbirne, soll zu seinem nach dem achthundertsten Fehlversuch frustrierten Assistenten gesagt haben: „Schau doch, wir kennen nun schon 800 Wege, die nicht funktionieren."

Bedeutung finde ich in der Familie Gottes, in der Gemeinde. Wer im Leben Anderen beigestanden und sie mitgetragen hat, der wird auch selbst getragen. In der Gemeinschaft der Christen gibt es eine Solidarität, die sich gegenseitig stützt, denn Menschen, die Jesus nachfolgen, wissen – ganz gleich, ob sie jung oder alt sind: Ihr Wert basiert nicht auf ihrer Leistung, sondern auf ihrer Zugehörigkeit zu Gott. Bedeutung finde ich bei Gott. Er kennt mich. Schon bevor ich geboren wurde, war ihm mein Leben kein Geheimnis. Er kennt meine Vergangenheit, Gegenwart und Zukunft. Ich brauche und kann ihm nichts vormachen, aber ich kann ihm alles anvertrauen. Auch das Alter. Gott verspricht seinen Kindern, dass er unser ganzes Leben lang unser Gott sein wird, dass er uns bis zu diesem Tag getragen hat und es auch weiterhin tun wird. So lebt sich's gut!

Tipp

In den reifen Jahren stecken ungeahnte Möglichkeiten, die auf Entfaltung warten, wenn man diese Chancen ergreift.

Montag

Matthäus 6,33

2. Korinther 4,16-17

Jesaja 46,4

Wer sein Leben in jedem Alter annimmt, sehnt sich nicht nach dem Gestern oder Morgen, sondern genießt den Augenblick und das Gute um sich herum.

Dienstag

1. Thessalonicher 4, 11

Psalm 92,13-16

Matthäus 19,15

Sei im Alter ein stiller Segen. Misch dich nicht in die Angelegenheiten anderer Leute ein, denn was du bist, ist wichtiger als was du sagst.

Mittwoch

Kolosser 1,10

Epheser 3,16 + 4,15

1. Thessalonicher 3,12-13

Die Größe eines älter werdenden Menschen liegt darin, dass er seinen inneren Menschen pflegt.

Donnerstag

Römer 11,29

1. Petrus 4,10

Psalm 78,3-7

Psalm 71,17-18

Jeder Mensch hat von Gott geschenkte Gaben und Talente, die einem Zweck dienen – auch im Alter.

Freitag

Hebräer 13,15-16

Galater 6,9-10

Psalm 112,1-2

Wer schon viel Gutes im Leben geerntet hat, kann andere daran teilhaben lassen.

Samstag

Psalm 37,5-6

Philipper 4,11-12

Das Loslassen von eigenen Wünschen ist der Weg zu Zufriedenheit und Ruhe.

4. Woche

Authentizität

Jesaja 41,8-14

Jesaja 43,1-4

Von der Freiheit, ganz man selbst zu sein

Wünschen wir uns nicht alle Geschäftsleute, Politiker, geistliche Führungskräfte, Freunde, Mitarbeiter oder eine Familie, die wir als authentisch und glaubwürdig wahrnehmen? Menschen, bei denen wir wissen, wo wir mit ihnen dran sind. Interessant finde ich, dass wir diese Echtheit nicht nur bei anderen suchen, sondern dass wir alle auch selbst eine tiefe Sehnsucht haben, echt zu sein.

Umso verwunderlicher ist es, zu beobachten, wie unstimmig wir Menschen manchmal sind. Unser privates Leben passt nicht immer zu unserem öffentlichen Leben. Je größer die Diskrepanz zwischen beiden ist, desto größer ist die Unechtheit. Wenn wir nur scheinbar echt sind, tragen wir Masken. Wir verstecken unser wahres „Ich". Wenn wir Masken tragen, geben wir damit auch die Botschaft an andere weiter, dass uns gar nicht gefällt, wer wir wirklich sind, was wir haben und können, und auch nicht, was Gott uns zugeteilt hat oder auch nicht. Maskenträger glauben, Besseres verdient zu haben – Besseres als die anderen!

Masken sind wie Abwehrmethoden, die uns schützen sollen. Wir wollen schließlich nirgendwo weniger darstellen als wir darstellen könnten. Sie bestehen aus vielen verschiedenen Lebens- und Verhaltensformen, die wir uns zulegen, um gut anzukommen. Aber all dieses Aufgesetzte kann und wird niemals Teil unseres wirklichen Lebens sein. Und deshalb werden wir auch durch Maskentragen nie glücklich. Ohne echt zu sein, können wir durchaus noch als nette, freundliche Menschen gelten, aber ein wirklich sinnvolles und erfüllendes Leben bleibt auf der Strecke.

Theoretisch würden wir alle gerne ohne Masken leben, wenn wir nicht so viel Angst davor hätten, irgendwo zu kurz zu kommen. Diese Angst vor Ablehnung oder davor, nicht gut genug zu sein, kann ihren Ursprung in der

Erziehung haben. Auch die Erwartungshaltung anderer Menschen kann uns in eine unechte Rolle drängen oder auch Minderwertigkeitsgefühle verursachen. Wir Menschen haben oft Angst, dass andere uns nur tolerieren, und sie, wenn sie die Wahl hätten, viel lieber ohne uns auskommen würden. Wir bezweifeln, dass unsere Mitmenschen uns mögen, schätzen und brauchen oder dass sie uns vermissen würden, wenn wir mal nicht dabei wären. Wir glauben, wir müssten immer erst besser aussehen und alles besser machen, ehe wir wahre Annahme und Liebe erwarten und bekommen könnten. Doch selbst wenn wir 100 % auf allen Gebieten erreichen würden, könnte trotzdem kein Mensch unsere Sehnsucht nach wahrer Liebe stillen.

Wahre und anhaltende Liebe, Annahme und Bedeutung finden wir letztendlich nicht in der Anerkennung von Menschen, sondern in einer Beziehung zu Gott. Egal, wer wir sind und unabhängig davon, wie wir oder andere über uns denken, in Gottes Augen sind wir weit mehr als alle unsere Leistungen und alle unsere Fehler. Gott liebt uns, weil er es will. Nichts kann Gott davon abhalten, uns zu lieben, es sei denn, dass wir sein Geschenk der Liebe und Bedeutung nicht annehmen. Wer anfängt, sein Leben so zu sehen, wie Gott es sieht, und ihm eine Chance gibt, sich als der zu zeigen, der er ist und uns zu zeigen, was er zu geben hat, der kann sich selbst annehmen, echt sein, sich frei bewegen. Er versteckt sich nicht, er steht zu sich selbst und hat keine Angst vor den Reaktionen anderer. Er merkt, er hat etwas zu geben und muss sich nicht beweisen. So lebt sich's gut!

Tipp

Möchten Sie unabhängig
leben von den Grenzen, die Ihnen
die Vorurteile anderer Menschen setzen?
Sind Sie es leid, trotz all Ihrer Bemühungen,
bei anderen anzukommen, enttäuscht zu werden?
Wenn ja, dann lesen Sie nochmals die Bibeltexte
von heute und setzen Sie Ihren Namen ein
für jedes „du, dich oder dein"!

Montag

Sprüche 29,25

Durch Menschenfurcht und Abhängigkeit von den Urteilen anderer Menschen werden wir nie die Person werden, die Gott gewollt hat. Schauen Sie auf Gott, um zu erkennen, wer Sie sind, und glauben Sie nie, Sie könnten Ihren Wert durch den Vergleich mit anderen Menschen definieren.

Dienstag

Kolosser 1,15-16

Psalm 139,13-14

Unsere Bedeutung wird nicht definiert durch unser Aussehen, unsere Fähigkeiten oder unsere Nützlichkeit. Egal, wie viel oder wenig wir von alledem haben, wir werden immer nach mehr Ausschau halten. In Gottes Augen aber sind wir mehr als unsere Leistungen und Fehler, denn wir sind geschaffen, um ihm ähnlich zu sein.

Mittwoch

Epheser 5,19

Kolosser 3,16

Authentisch sein heißt: die eigene Persönlichkeit zu entdecken und zu akzeptieren. Dabei ist es entscheidend, unbeirrbar durch den Glauben an den einen allmächtigen Gott zu wissen, was man will, sich durch sein Wort verändern zu lassen und danach zu leben.

Donnerstag

1. Samuel 16,7

Jeremia 9,22-23

Lukas 18,11

Halten Sie sich nie für besser als andere Menschen. Es ist alles Gnade, was Sie empfangen haben. Stufen Sie Ihre inneren Haltungssünden, Stolz und Gedankensünden nicht als weniger schwerwiegend ein als offensichtliche moralische Sünden anderer.

Freitag

Hesekiel 16,1-14

Johannes 15,15-16

Jeder Mensch ist wertgeachtet ohne Anlass und wertvoll ohne Einschränkung. Aus Dankbarkeit und Liebe zu Gott sollen wir unser ganzes Leben für ihn leben. Nicht, *damit* Gott uns liebt, sondern *weil* er uns liebt. Nicht, *damit* wir uns unseren Wert verdienen, sondern *weil* wir von ihm so unendlich wertgeachtet sind.

Samstag

2. Korinther 5,17-19

Jeremia 31,3

Wirkliche Authentizität oder Echtheit kann niemals auf eine persönliche Beziehung zu Gott verzichten. Er allein kann unser Inneres und Äußeres in Einklang bringen, weil er uns kennt und liebt.

5. Woche

Berufung

2. Korinther 5,15

Die innere und äußere Bestimmung leben

Den Begriff „Berufung“ benutzen wir meistens dann, wenn es darum geht, unseren Platz auf dieser Erde zu erkennen und auszufüllen, oder wenn wir in ein Amt oder in eine Aufgabe berufen werden. Jede und jeder, der an Gott glaubt und Jesus nachfolgt, ist eine Berufene oder ein Berufener – also ein Mensch, der nicht mehr für sich selbst lebt, sondern mit und für Jesus, der für ihn gestorben und auferstanden ist. Wer Christ ist, ist vollzeitig berufen, denn alles, was er in Worten oder Taten tut, das tut er im Namen und im Auftrag Jesu – egal, in welchem Bereich er tätig ist. Es gibt keine Aufteilung unserer Tätigkeiten in einen geistlichen und weltlichen Bereich, auch keine Rangfolge von Berufen und Gaben. Nicht unser Beruf als solcher entscheidet darüber, ob er geistlich oder weltlich ist, sondern unsere Haltung, mit der wir ihn ausleben. Jede Aufgabe hat eine äußere und eine innere Berufung. Die äußere weist auf die Tätigkeit hin. Bei der inneren Berufung kommt es auf die Haltung an, also darauf, dass wir vor allem Gott mit unseren Worten und Werken ehren und unserem Nächsten dienen.

Die Preisfrage allerdings, welche die meisten Menschen beim Thema Berufung bewegt, ist: Wozu hat Gott mich berufen? Hier spielen unsere Gaben – und die damit verbundenen Möglichkeiten – eine wichtige Rolle. Die Gaben, die Gott uns geschenkt hat, haben einen wichtigen Sinn und Zweck: Wir sollen sie ganz bewusst zu seiner Ehre und zum Wohl der Menschen einsetzen. Gerade unsere Gaben können ein guter Hinweis auf die Aufgabe sein, zu der Gott uns berufen hat. Und falls wir nicht erkennen, was unsere Gaben sind, dann ist es hilfreich, andere Christen um Rat zu bitten. Ganz oft passiert es, dass eine menschliche Entdeckung einer göttlichen Berufung vorausgeht. Gute Ratgeber werden uns nicht nur unsere Stärken und Möglichkeiten aufzeigen, sondern auch unsere Schwächen und Grenzen. Sie werden uns auf der Suche nach unserem Platz begleiten, denn es gibt laut Bibel eine Vielfalt von unterschiedlichen natürlichen und geistlichen Gaben.

Hinzu kommt, dass Gottes Schöpferkraft keine Grenzen gesetzt sind. In der Gemeinschaft mit anderen Christen können wir Verschiedenes ausprobieren, um diese Vielfalt zu entdecken – auch, in welcher Form wir sie leben können.

Wenn es darum geht, unseren Platz auf dieser Erde zu erkennen, wird oft ein Zusammenspiel von natürlichen Überlegungen und einem geistlichen Hinhören stattfinden, das uns in eine Berufung hinein- und in ihr weiterführt. Wichtig dabei ist, dass eine Berufung nicht nur auf einem persönlichen Eindruck beruht, denn es kann passieren, dass falsche Motive dahinterstehen. Es ist auch klug, uns nicht nur von weisen Menschen beraten zu lassen, sondern dass wir nach Gottes Wort und seiner Führung suchen. Ebenso brauchen wir Worte, von denen wir wissen, dass sie uns persönlich gelten und uns Gewissheit geben über unsere Berufung, denn von Gott eine Berufung zu empfangen, ist nicht nur Zuckerschlecken. Es kann schwer werden, sie zu leben, aber niemals zu schwer. Gerade dann, wenn wir uns überfordert fühlen, ist es sehr wichtig, uns auf eine klare Berufung von Gott stützen zu können. Entscheidend ist auch, dass wir nicht nur unsere Berufung entdecken, sondern dass wir unsere Beziehung zu Gott durch Jesus Tag für Tag aufrechterhalten. Das trägt. Das macht uns stark. Das gibt uns Antrieb, Mut und Durchhaltevermögen. Gott ist unser Regisseur, und er selbst übernimmt die Verantwortung für unser Leben und für unsere Berufung. So lebt sich's gut!

Tipp

Rechnen Sie *nicht* damit, dass die Quelle Ihrer Kraft in einem Berufungserlebnis liegt, sondern erkennen Sie, dass diese Kraft aus der ungestörten Beziehung zu Gott fließt, der Sie berufen hat.

5. Woche

Berufung

Montag

Johannes 14,1-4

Johannes 1,43

Johannes 12,25-26

Unsere Bestimmung basiert in erster Linie auf Gott, auf seiner Wertschätzung und auf den Absichten, die er für uns hat.

Dienstag

2. Korinther 5,15

Kolosser 3,17

Bei uns als Christ gehört Jesus essenziell zu unserem Lebensprogramm, und dies nicht nur an Sonn- und Feiertagen, sondern an jedem Tag. Gerade in unserem Alltag offenbart unser Leben die Freiheit, die wir in Christus gefunden haben.

Mittwoch

Römer 12,3-8

1. Korinther 12,12-31

2. Korinther 12,9-10

Weil wir unsere Schwächen und Stärken nicht immer richtig einschätzen können, ist es wichtig, andere Christen als Ratgeber mit einzubeziehen. Danken Sie Gott für das, was Sie haben – und nicht haben!

Donnerstag

1. Petrus 4,10-11

Die Gaben, die Gott für uns persönlich ausgesucht hat, sollen sowohl den Menschen innerhalb unserer christlichen Gemeinschaft wie auch außerhalb zugutekommen. Alle Gaben sind als wertvoll zu erachten, wenn wir uns in Beziehung zu Gott und anderen Menschen sehen.

Freitag

2. Mose 3+4

Gott gibt uns manchmal eine kleine Vorstellung seiner Macht, um unser Vertrauen zu stärken, und um uns Mut zu machen, unsere Aufgaben anzupacken. Rechnen Sie mit Gottes Gaben, aber noch mehr mit seiner Gnade.

5. Woche

Berufung

Samstag

- *Josua 1,9*
- *Johannes 17,11-24*
- *Lukas 22,32*
- *Hebräer 7,25*

Gott hält uns nicht nur für fähig, eine bestimmte Aufgabe auszuüben, sondern er befähigt uns auch dazu, sie auszuführen.

6. Woche

Bitterkeit

Hebräer 12,12-15

Die Fesseln der Verbitterung sprengen

Bei meinen Reisediensten habe ich durch Gespräche Menschen kennengelernt, die viel Kummer erlebt haben. Manch einer von ihnen hat große Verluste, wiederholte Rückschläge, tiefe Enttäuschungen oder gnadenlose Ablehnung erfahren. Es waren auch Menschen dabei, denen schon im Kindesalter sehr viel abverlangt wurde, zum Beispiel, dass ihre Zeugnisse die bestmöglichen Noten aufweisen mussten, damit ihre Eltern das eigene Image durch die Leistungen ihrer Kinder zum Glänzen bringen konnten. Und wenn sie trotz vieler Mühe die Erwartungen der Eltern nicht ganz erfüllen konnten, gab es keinerlei Anerkennung für ihre Bemühungen, sondern harte Strafen.

Wenn man all diesen Menschen zuhört, hört man eine traurige Geschichte nach der anderen darüber, wie schlecht man sie behandelt hat. Emotionsgeladen reden sie von den vielen Schikanen, die sie ertragen mussten und über ihre Frustration gegenüber gewissen Menschen. All diesen Menschen ist furchtbares Unrecht angetan worden. Keine Frage! Sie tun mir sehr leid. Aber es gibt noch etwas anderes, das ihr Leben so bemitleidenswert macht: Sie sind mit der Zeit sehr verbittert geworden. Obwohl ihre Erfahrungen schon längst vom Sand der Zeit bedeckt worden sind, und obwohl sie heute ihr eigenes Leben so gestalten und ausleben können, wie sie es für richtig und gut halten, bestimmt die Bitterkeit ihr Leben. Sie kämpfen heute nicht in erster Linie mit unrealistischen Erwartungen, Lieblosigkeit oder Ablehnung, sondern mit tief verwurzelter Bitterkeit. Sie kämpfen einen Kampf, der schon längst beendet sein könnte. Ihre Bitterkeit offenbart sich in Vorurteilen, Bissigkeit und verletzenden Worten. Sie sticheln gerne und gönnen anderen nichts Gutes, kein Kompliment, keinen Erfolg. Sie sind heute – nach all den Jahren – viel unglücklicher und miesepetriger, als sie es damals waren.

Tatsache ist: Nichts ist so quälend wie eine unversöhnliche und nachtragende Lebenseinstellung. Eine solche Einstellung will nämlich nicht, dass ihre Wunden gelindert und geheilt werden. Sie will nicht vergeben. In Hebräer 12,15 steht, dass es durchaus möglich ist, dass bei uns eine Wurzel der Bitterkeit aufsprießen und viel Ungutes anrichten kann: „Und seht darauf, dass nicht jemand Gottes Gnade versäume; dass nicht etwa eine bittere Wurzel aufwachse und Unfrieden anrichte und viele durch sie verunreinigt werden". Es ist unmöglich, unsere Bitterkeit zu hegen und zu pflegen und sie gleichzeitig zu verbergen. Wir ernten letztendlich, was wir säen. Bitterkeit bringt irgendwann bittere Früchte hervor. Wir reden uns vielleicht ein, dass wir unseren inneren Groll verbergen oder schönreden können, dass wir uns mit Bitterkeit arrangieren oder gute Miene zum bösen Spiel machen können. Aber das funktioniert nicht. Langsam aber sicher kämpft sich die Unversöhnlichkeit an die Oberfläche und durchdringt mit ihrem hinterhältigen Gift alles.

Das Traurige ist, dass derjenige am meisten leidet, der das zulässt. Er wird zum Opfer seiner eigenen Bitterkeit, weil er sich weigert, sie zu bekämpfen. Als Christen, die wir die Gnade der Vergebung Gottes so reichlich empfangen haben, sind wir aufgefordert, diese Gnade auch mit anderen zu teilen und darauf zu achten, dass Versöhnlichkeit unsere innere Einstellung bestimmt und auch an die Oberfläche durchdringt und gute Früchte hervorbringt. So lebt sich's gut!

Tipp Ziehen Sie einen Schlussstrich unter
all das, was Sie an Unrecht ertragen mussten.
Und schauen Sie nach vorne auf das Neue,
das Gott mit und aus Ihrem Leben machen möchte,
indem Sie Gottes Gnade an andere weitergeben.
Die Bibeltexte dieser Woche geben viele Tipps,
wie Sie das umsetzen können.

Montag

Matthäus 18,21-35

Vergebung ist unsere Rettungsspur: Wer vergibt, dem vergibt auch Gott. Wer nicht vergibt, muss mit der Qual leben, keinen inneren Frieden und keine Freude im Leben zu finden.

Dienstag

Epheser 4,31-32

Wir sind keine Endverbraucher der Güte und Gnade Gottes, sondern sollen diese unter allen Umständen auch an andere weitergeben.

Mittwoch

Hesekiel 18

Nicht die Vergangenheit bestimmt unsere Zukunft, sondern Gott, wenn wir uns ihm anvertrauen und ihm gehorchen. Gottes Zukunft für uns beinhaltet, dass wir die Frucht des Geistes verbreiten: Liebe, Freude, Frieden, Geduld, Freundlichkeit, Güte, Treue, Bescheidenheit und Selbstbeherrschung (Galater 5,22).

Donnerstag

1. Samuel 1-2,10

Wir alle haben ein Päckchen zu tragen. Entscheidend ist, wie wir damit umgehen: Wir können unser Schicksal Jahr für Jahr mit uns herumschleppen und um uns schlagen (Peninna), oder wir können mit Gott darüber reden und inneren Frieden und äußere Gelassenheit finden (Hanna).

Freitag

Lukas 23,33-34

Eine auf Gott fokussierte Einstellung macht es uns möglich, Menschen, die uns Schlimmes angetan haben und antun, zu vergeben.

Samstag

Römer 12,17-21

Matthäus 25,40

Was wir einem unserer „geringsten" Mitmenschen Gutes getan haben – das beinhaltet auch solche Menschen, die wie ein „Dorn in unserem Fleisch" sind. Was wir ihnen Gutes tun, das haben wir für Jesus getan und überwinden somit das Böse.

7. Woche

Bösartigkeit

Römer 7,8-12

1. Timotheus 1,15-17

Bösartigkeit kann gestoppt werden

Krebs ist ein gefürchtetes Wort. Ein Wort, das oft Verzweiflung, und manchmal sogar Hoffnungslosigkeit hervorruft. Für uns war Krebs immer etwas, das in anderen Familien vorkommt, bis bei Wilfrieds Mutter ein Tumor festgestellt wurde, der bösartig war. Als ich in den 80er Jahren als Arzthelferin in einer Krebsklinik arbeitete, sprachen wir von gutartigen oder bösartigen Tumoren. Medizinisch gesehen, haben bösartige Tumore das Potenzial, unbegrenzt zu wachsen. Sich selbst überlassen, können sie den ganzen Körper des Erkrankten in Mitleidenschaft ziehen.

Vergleichbar mit einem solchen Krankheitsverlauf ist die Sünde. Man kann sie auch als Zielverfehlung im Leben beschreiben, oder als eine geistliche und moralische „Bösartigkeit". Wenn sie sich selbst überlassen bleibt und nicht bekämpft wird, kann sie jeden Bereich unseres Lebens infizieren, und manchmal auch andere Menschen. Unsere Einstellungen, Worte und Taten können die Herzen anderer aufbauen oder niederreißen (Epheser 4,29). Sünde ist aber viel mehr als falsche Taten und unfreundliche Worte. Sie ist ein Prinzip, eine unmoralische Energie in unseren Herzen. Unsere falschen Taten, Worte oder Gedanken sind Ergebnisse dieses Sünden-Prinzips, das uns innewohnt.

Auch wenn wir Kinder Gottes sind – wodurch unsere Herzen erneuert und wir von der Macht der Sünde befreit worden sind und der Heilige Geist in uns wohnt – lauert die Sünde in uns und kämpft gegen unser Wollen (Galater 5,7). Wenn wir diese Tatsache leugnen, bieten wir der Sünde ihren gewünschten Nährboden. Was ich vor vielen Jahren in der Krebsklinik gelernt habe, ist, dass mancher Krebs länger unbemerkt wachsen kann, bis er lebensbedrohlich wird. Oder, wenn er erfolgreich bekämpft worden ist, taucht er manchmal an anderen Stellen wieder auf. Auf die gleiche Weise funktioniert Sünde in unserem Leben, besonders bei den sogenannten

„kleinen Sünden", bei denen wir überzeugt sind, dass sie nicht so böse sein können, weil sie sich gut anfühlen. Ich meine z. B. Ungeduld, Selbstmitleid, Überheblichkeit oder Verbitterung. Doch diese Sünden in unserem geistlichen Leben zu tolerieren, ist genauso schlimm, wie wenn wir Krebs in unserem Körper tolerieren würden.

Sünde ist eine Rebellion gegen Gott und seine Autorität (2. Samuel 12,9-10). So, wie Gott heilig ist, uneingeschränkt heilig, völlig heilig, ganz und gar heilig und immer heilig, so ist die Sünde bösartig, ganz bösartig, nur bösartig, ganz und gar bösartig. Da gibt es nichts schönzureden. Aber es gibt auch sehr gute Nachrichten: Gott vergibt jede Bösartigkeit. Er toleriert sie nicht, er ignoriert sie nicht, aber er vergibt sie, weil Jesus am Kreuz unsere Schuld auf sich genommen hat (2. Korinther 5,21). Tatsache ist: Wir sind große Sünder, aber wir haben einen großen Retter! Jesus Christus – dank seines Wirkens für uns und in uns – rettet uns nicht nur von der Strafe der Sünde, sondern auch von ihrer Macht über unser Leben. Dies gilt nicht nur für Menschen, die Gott noch nicht kennen, sondern gleichermaßen und immer wieder für Kinder Gottes. Wir brauchen unser Leben lang Korrektur und Vergebung (2. Timotheus 3,16). Entscheidend dabei ist, dass wir unsere Sünden bekennen, wenn unser Gewissen uns verklagt, dass wir glauben, dass uns vergeben ist (1. Johannes 1,9) und aufhören zu sündigen (Römer 8,13; Kolosser 3,5). Jesus ist gekommen, um zu retten! Das müssen wir uns selbst täglich predigen, ob wir einen guten oder einen schlechten Tag haben. So lebt sich's gut.

Tipp Ganz gleich, welche Bibeltexte wir zu uns sprechen lassen, um der Vergebung unserer Sünden gewiss zu sein, die einzige Basis für Gottes Vergebung ist, dass Jesus für unsere Sünden am Kreuz gestorben ist und nun durch seinen Heiligen Geist in uns das Gute bewirkt (Hebräer 9,22).

Montag

Römer 8,31-35

Galater 2,19-21

1. Johannes 4,9-16

Gewissheit und Dankbarkeit, dass Gott uns unsere vergebene Schuld nicht mehr anrechnet, zeigen uns, dass Gott für uns ist, nicht gegen uns.
Wir sind nicht allein im Kampf gegen unsere Sünden.

Dienstag

Kolosser 2,6-7

Sprüche 28,13

Der Glaube bringt Veränderung. Die Bibel zeigt uns Schritte des Glaubens: Jesus annehmen und mit ihm leben. Sünde bekennen und lassen. Gottes Wort hören und dementsprechend leben.

Mittwoch

Jesaja 43,25

Psalm 103,12

Nicht vergebene Schuld kommt immer wieder zum Vorschein, wie ein Ball unter Wasser immer wieder an die Oberfläche treibt. Vergebene Schuld dagegen ist unauffindbar. Gott sei Dank für seine Vergebung.

Donnerstag

Jesaja 53,4-12

1. Johannes 2,1-2

Gott ignoriert keine Sünde und er übersieht sie auch nicht wohlwollend. Er nimmt sie weg und vernichtet sie am Kreuz von Golgatha, wo Jesus die Sünde der ganzen Welt auf sich nahm.

Freitag

Römer 4,7-8

Gott rechnet nicht zusammen, was in unserem Leben alles schiefläuft. Mehr noch, er rechnet es uns auch nicht an! Er will es vergeben. Das Bekennen von Sünde und Schuld befreit das Herz.

Samstag

Hohelied 2,15

Römer 8,1-4

Johannes 8,36

Kleine „Zerstörer“ haben eine große Wirkung. Aber Gottes befreiende Liebeskraft reinigt uns von aller Sünde und Schuld und macht uns frei.

8. Woche

Charakter

2. Korinther 5,11-12

Was uns wirklich stark macht

„Ich habe ihm schon x-mal verziehen! Aber jetzt reicht's mir, immerhin haben wir drei kleine Kinder, die ein Vorbild brauchen und nicht einen Vater, der sich, obwohl er mir immer wieder seine Liebe beteuert, auf Drogen und fremde Frauen einlässt." Diese Frau, die niedergeschlagen vor mir am Esszimmertisch saß, wollte nicht, dass ihre Kinder mitbekamen, wie ihr Vater wirklich ist. Also beendete sie nach vielen Jahren im Wechselbad der Gefühle die Beziehung. Ganz sicher empfand dieser Mann auch ein gewisses Maß von Liebe für seine Frau in seinem Herzen, aber ich kann mir nicht vorstellen, dass sie seine Liebe wahrnehmen konnte. Sie hat sich bestimmt gefragt: Wenn er mich wirklich liebt, wie kann er mir so wehtun?

Tatsache ist: Es genügt nicht, jemandem zu sagen, dass man ihn liebt, wenn man sich nicht entsprechend verhält. Am Ende ist Liebe das, was sie tut oder auch nicht tut. Liebesfähige Menschen respektieren die Grenzen anderer und können ihre eigenen Neigungen und Tendenzen kontrollieren. Wenn sie das nicht tun, zerstört ihre Unfähigkeit, Verantwortung zu übernehmen, wertvolle Beziehungen. Das gilt auch für andere Impulsprobleme wie Kaufrausch, Frustessen oder Wutausbrüche. Fehlende Grenzen lassen diesen Verhaltensweisen freien Lauf. Verantwortungsvolle Menschen wissen um ihre Gefühle und Einstellungen und fühlen sich zuständig für ihr Verhalten, ihre Entscheidungen, Begrenzungen, Talente, Gedanken, Wünsche, Werte und für ihre Liebe. Sie haben begriffen, dass sie vor Gott und anderen Rechenschaft über ihr Leben ablegen müssen.

Wir alle haben die Wahl: Wir können etwas tun, um Veränderungen herbeizuführen. Wir haben die Freiheit, Entscheidungen zu treffen und Dinge zu ändern, die uns und andere stören. Aber bekanntlich reagieren die meisten von uns am ehesten unter Druck. Wir lassen gerne Dinge laufen, bis sich ein gewisser Druck von außen aufbaut, der uns einen Schubs in die richtige Richtung gibt. Und das obwohl es uns doch möglich ist, Dinge zu initiieren, denn wir sind als Ebenbild Gottes geschaffen – was auch bedeutet, dass wir die Fähigkeit und den Wunsch haben, Neues in die Wege zu leiten. Wenn das bei uns nicht der Fall ist, dann liegt das oft daran, dass uns die innere Struktur für ein zielorientiertes Verhalten fehlt.

Reife Menschen dagegen wissen, dass ihre Handlungen Konsequenzen haben und gestalten ihr Leben dementsprechend. Solche Menschen ernten gute Früchte, weil sie sich bemühen und verändern. Menschen, die sich mutig Herausforderungen stellen, Hindernisse überwinden und sich in ihrer Persönlichkeit weiterentwickeln, sind eine große Inspiration für andere. Nur der, der Fehler oder Versagen zugeben kann, kommt weiter. Wer das nicht tut, erntet Zorn, Schuldgefühle, Gesichtsverlust und Abweisung. Menschen hingegen, die sich in ihrem Leben an Gott und seinen Geboten orientieren, haben Bedeutung und wissen, dass sie nicht auf dieser Welt sind, um sich selbst, sondern um Gott zu dienen. Sie haben das wichtigste Gebot verstanden: „Liebe den Herrn, deinen Gott, von ganzem Herzen, mit ganzem Willen und mit deinem ganzen Verstand" (Matthäus 22,37), und können deshalb über sich selbst und ihre Wünsche nach sofortiger Befriedigung hinausschauen. So lebt sich's gut.

Tipp

Gott setzt „Sein" vor „Tun".
Seine erste Priorität gilt
unserem inwendigen Menschen.
Ihm ist unser Herz wichtig, weil dieses
unser Verhalten bestimmt.
Die Fähigkeit, sich zu verändern,
ist eine Charakterangelegenheit.
Es lohnt sich, darüber nachzudenken.

Montag

Psalm 15

Integrität ist eine Schlüsselqualität unserer Identität und das Fundament einer reifen Persönlichkeit. Ein guter Charakter und ein ehrliches Herz sind die Voraussetzungen dafür, in tiefer Verbundenheit mit Gott und mit Menschen zu leben.

Dienstag

1. Samuel 27 + 30

1. Mose 39

Falsche Kompromisse und verzerrte moralische Wertmaßstäbe werden ausgelöst durch die Angst vor Ablehnung, vor dem Verlust von Dingen, die wir uns wünschen, vor Konflikten, vor Kritik oder um anderen zu gefallen, persönliche Vorteile zu erzielen, oder durch mangelndes Vertrauen zu Gott. Standhaftigkeit formt den Charakter.

Mittwoch

Josua 24,14-28

Charakter ist die Fähigkeit, das Richtige zu tun, auch wenn wir uns nicht danach fühlen und uns äußerem Druck entgegenstemmen müssen.

Donnerstag

Kolosser 3,12-14

In Gott gegründet zu sein, gibt unserem Leben Bedeutung und Orientierung und macht uns fähig, über die Fehler, Schwächen und das Versagen anderer Menschen hinwegzuschauen.

Freitag

2. Petrus 1,3-11

Der Weg zu innerer Schönheit geht nicht selten durch Bedrängnis. Es bedarf schon eines enormen Druckes, um aus Kohle einen Diamanten zu machen. Und so sind auch der Druck des Lebens, der Druck in Beziehungen oder andere Grenzerfahrungen notwendige Elemente in der Entwicklung eines guten Charakters.

Samstag

Epheser 1,15-19

1. Thessalonicher 4,9-12

Johannes 13,34-35

Ein Charakter, der von der Liebe Gottes geprägt ist, den Gottes Geist in die Herzen der Menschen ausschüttet, die ihm vertrauen, tut uns gut. Wie schön ist es, wenn wir selbst solche Menschen sind, die Gottes Geist und seiner Liebe Raum geben, damit selbst die Widrigkeiten unseres Lebens Geduld, Bewährung und Hoffnung in uns wirken und wir so zu Hoffnungsträgern für andere werden.

Dankbarkeit

Psalm 106,1-2

Gott in allem erkennen und anerkennen

Als das Coronavirus die Welt in Atem hielt und unser aller Leben auf den Kopf stellte, gab es unzählige Angst machende Botschaften, die uns täglich über die Medien erreichten. Jede neue Information gab uns noch mehr negativen Gesprächsstoff, der dann unser Denken und Fühlen und unseren Alltag bestimmte. Als wir merkten, wie sehr diese neue Situation mit allen daraus folgenden Warnungen und Einschränkungen unseren Alltag prägte, entschlossen wir uns bewusst, Gott für das Gute, das wir trotz allem noch im Überfluss genießen konnten, zu danken. Denn vieles von dem, was wir sonst tagtäglich haben, nutzen, verbrauchen und genießen können, ist nicht selbstverständlich, wie z. B. Familienzusammenhalt, Freunde treffen, fließendes Wasser, frische Lebensmittel, ein Dach über dem Kopf, Strom und Licht und zu jeder Zeit Zugang zu Gott und seinem Wort. Jeden Morgen nahmen wir uns Zeit, fünf neue Dinge zu nennen, für die wir dankbar waren. Dieses bewusste Danken hat uns dankbarer gemacht! Und froher! Ich staune noch heute darüber, dass wir diese neue Gewohnheit des Dankens einer widrigen Lebenssituation zu verdanken haben.

Das Thema Dankbarkeit zieht sich durch die ganze Bibel und spielt im christlichen Glauben eine wichtige Rolle. Ein dankbarer Lebensstil ist die Antwort auf Gottes Handeln in unserem Leben. Alles, was wir sind, haben und können, all unseren Reichtum, unsere Weisheit und unsere Stärke haben wir nicht uns selbst zu verdanken, sondern unserem großzügigen Vater im Himmel (Jeremia 9,23). Je besser wir seine Wege, sein Wirken und seinen Segen in unserem Leben erkennen und darüber nachdenken, umso dankbarer werden wir. Diese grundsätzliche Dankbarkeit findet auch dann ihren Ausdruck, wenn Aufgaben, Menschen oder Umstände schwierig sind. Das heißt nicht, dass wir die unschönen Realitäten unseres Lebens verdrängen oder schönreden sollen. Wenn eine Not unser Land durchflutet, eine Beziehung zerbricht oder ein Traum zerplatzt, empfinden wir keine Dankbarkeit.

Wir können und müssen uns nicht in jeder Lebenslage dankbar fühlen. Aber wir können uns dafür entscheiden, dass wir uns nicht von unseren Gefühlen bestimmen lassen wollen, sondern von unserem Wissen über Gott.

Wer grundsätzlich dankbar ist, entscheidet sich, Gott dennoch zu vertrauen, dass er alles zu einem sinnvollen Ziel bringt. Solch ein dankbarer Mensch bezeugt die Realität und Güte Gottes, und das kommt bei Gott super gut an. Aber leider sind wir Menschen vergesslich. All das, was wir Gott zu verdanken haben, verlieren wir in unserem bewegten Alltag schnell aus den Augen. Wenn wir nicht auf der Hut sind, neigen wir eher dazu, auf die Defizite, Mängel, Hindernisse und Probleme zu schauen. Alltagssorgen nehmen uns oft so gefangen, dass das Danken viel zu kurz oder gar nicht mehr vorkommt. Und weil wir auch in einem Land leben, wo viele Menschen auf hohem Niveau jammern, müssen wir uns täglich einen Ruck geben, um das Gute zu sehen, das Gott uns gibt – auch wenn wir in der Minderheit sind. Wir dürfen uns nicht von der Mehrheit bestimmen lassen, sondern sollen beherzt das tun, was wir als richtig und gut erkannt haben - nicht aus einem Pflichtgefühl heraus, sondern weil wir Gottes Güte wahrnehmen, und weil es uns ein Bedürfnis ist, unseren Herrn und Versorger in besonderer Weise zu loben und ihm damit Freude zu machen. So lebt sich's gut!

Tipp

Schreiben Sie täglich fünf neue Dinge auf, für die Sie Gott dankbar sind.

Montag

Psalm 103

Dankbar sein heißt, unsere Aufmerksamkeit bewusst auf die Spuren von Gottes Freundlichkeit zu richten.

Dienstag

Psalm 77,12-16

Wer einen dankbaren Blick auf sein Leben wirft, entdeckt einen unbezahlbaren Reichtum.

Mittwoch

Lukas 17,11-19

Wenn wir den Eindruck haben, Gott schuldet uns etwas, dann haben wir übersehen, was wir von ihm schon alles erhalten haben.

9. Woche *Dankbarkeit*

Donnerstag

1. Thessalonicher 5,18

In jeder Lebenslage gibt es Dinge, für die wir danken können.

Freitag

Psalm 118

Versuchen Sie jeden Tag, alles Negative ins Positive umzukehren:
Es regnet. = Ich brauche die Blumen nicht zu gießen.
Ein Fleck auf der Hose. = Der neue Auflauf hat super geschmeckt.
Die Kinder haben das Haus auf den Kopf gestellt. = Sie haben sich bei uns wohlgefühlt und Spaß gehabt.

Samstag

Hebräer 12,28

Psalm 50,23

Danken ist die höchste Form des Denkens und ein wunderbarer Ausdruck des Glaubens!

10. Woche

Du bist wertvoll

Psalm 139,13-18

Ein Ja zur eigenen Originalität

Sie sind einmalig. Das heißt: Es gibt Sie wirklich nur einmal auf der ganzen Welt! Ihr Gesicht, Ihre Wesenszüge, Ihr Lächeln, Ihre Stimme, Ihren Stil, Ihren Hintergrund, Ihre Eigenschaften, Ihren Charakter, Ihre Besonderheiten, Ihre Fähigkeiten, Ihre Standpunkte. Auch, wie Sie sich ausdrücken, bewegen, beten, essen oder lieben – alles ist einmalig. Und das ist nicht einfach zufällig so, sondern ganz bewusst von Gott von Anfang an so geplant. Er wollte, dass Sie Sie sind. Er hat Sie geschaffen als eine einzigartige, individuelle und bedeutungsvolle Person, die anders ist als alle anderen Menschen auf der Erde. Nachdem Sie auf die Welt gekommen waren, wurde – wie auch bei jedem anderen Menschen – Ihre Schablone weggeworfen, damit sie nie wieder benutzt werden könnte. Laut Psalm 139 sind Sie von Gott höchstpersönlich vorherbestimmt und wurden der Welt so präsentiert wie er es wollte. Und seither ist Gott in jeden Tag und in alle Details Ihres Lebens involviert.

Leider vergessen wir diese wunderbare Tatsache allzu oft, weil es so viele, ja, leider zu viele Menschen auf der Erde gibt, die eine Identitätskrise haben. „Man" soll in ein „System" passen, am besten Zeitgeist-konform leben und die Meinung der Mehrheit höher bewerten als die persönlichen Überzeugungen. Man könnte dies auch das „Image-Syndrom" nennen. Alle, angefangen vom einfachsten bis zum gebildetsten Menschen, sollen in ein vorgefertigtes Bild passen. Auch Christen haben ihre gängigen Images. Außenstehende haben oft eine bestimmte Vorstellung von Christen, aber auch untereinander gibt es klare Erwartungen, wie „man" zu sein hat. Das gilt für den Pastor, den Jugendleiter, die Diakone, Musiker, Gottesdienstabläufe, Evangelisationsmethoden, und sowieso für die Schwester, die stets aus dem Rahmen fällt. Ein Lob auf diese Schwester! Sie lebt bewusst ihre eigene Identität, ohne Selbstzweifel und in Abhängigkeit allein von Gott. Sie hat ein Ziel, sie möchte so werden wie Jesus. Sie möchte so sein wie er.

Es ist sein Vorbild, das sie vor Augen hat, nicht das Image, das andere für sie in ihren Köpfen festgenagelt haben.

Solche einzigartigen und selbstbewussten Menschen gab es schon in der Bibel. Ich denke dabei an den Propheten Amos. Er gehörte nicht zur „High Society", wie zum Beispiel Jesaja, Daniel oder Hesekiel. Von Beruf war Amos Viehzüchter und Maulbeer-Feigen-Pflücker, also ein Mann des Landes. Doch das hat ihn nicht gestört. Er war auch ein von Gott berufener Verkündiger. Das hat manche Leute sehr geärgert (Amos 7,12-13). Er passte nicht in die gängigen Vorstellungen, die man von einem Verkündiger hatte. Aber auch das hat Amos nicht gestört. Er blieb ruhig, gefasst und zuversichtlich (Verse 14-15). Er hatte keine Ambitionen, etwas zu sein, was er nicht war. Gott hatte ihn geschaffen, berufen und ihm eine Botschaft gegeben, die er auf seine Art und Weise kommunizieren sollte. Er hatte sich seinen Auftrag nicht selbst ausgedacht noch ihn erbeten, sondern Gott hatte ihn dazu berufen. Gott hatte ihn beauftragt, „geh … rede" – und er ging. Er ging ohne Minderwertigkeitsgefühle und ohne Menschenfurcht. Er wusste, dass er „nur" Amos war und „nur" das tun musste, was Gott sich für ihn ausgedacht hatte. Nicht mehr und nicht weniger. Wenn wir Gott vor Augen behalten und Dinge mit ihm zusammen anpacken, werden wir Originale bleiben – so wie Gott es gewollt hat. Wir werden keine Chancen verpassen, sondern viel Segen empfangen und weitergeben. So lebt sich's gut.

Tipp

Zum Nachdenken:
Schwächlinge sind diejenigen,
die sich an der Masse orientieren.
„Schwache" hingegen sind Menschen, die begreifen,
dass sie es nie anders als auf ihre Art tun dürfen.
Und diese Fähigkeit, auf bestimmte Ansprüche zu verzichten,
öffnet Gottes Gnade Tor und Tür
(Jesaja 41,14; 2. Korinther 12,8b-10).

Montag

Amos 7,10-17

Viele Menschen sind nicht dort, wo Gott sie haben und gebrauchen will, weil sie meinen, dass ihnen anscheinend das „passende Image" fehlt. Menschen wie Amos haben – menschlich gesehen – nicht immer alle Voraussetzungen für das, was sie tun, aber sie haben Zugang zu Gott und damit Zugang zu allem, was sie brauchen.

Dienstag

Matthäus 6,26-30

Zefanja 3,16b-17

In Gottes Augen ist unser Wert grenzenlos. Wenn er die Vögel mit allem versorgt, dann erst recht uns Menschen.

Mittwoch

Epheser 2,10

Wir sind ein Ergebnis von Gottes Schöpfertätigkeit. Gott kennt jeden Menschen persönlich und er arbeitet an und mit jedem von uns.

Donnerstag

Philipper 2,12-14

Statt uns mit anderen zu messen, können wir uns als Mitarbeiter Gottes verstehen und zusammen an einem Strang ziehen. Statt auf die noch unfertigen Teile unserer Person zu schauen, sollten wir auf das, was in Arbeit oder schon fertig ist, schauen.

Freitag

1. Korinther 12,18-31

Wenn Sie sich selbst mit einem Körperteil vergleichen sollten, welches würden Sie wählen? Beschreiben Sie die Funktion dieses Körperteils und vergleichen Sie es mit Ihren Tätigkeiten, Aufgaben und Diensten.

Samstag

1. Petrus 4,10-11

Da, wo wir nachahmen, hören wir auf nachzufolgen, weil Jesus uns nicht als Abklatsch von anderen, sondern uns in unserer Originalität will.

11. Woche

Egoismus

2. Korinther 8,9

Wenn das „dicke Ich" im Weg steht

Geburtstag. Alle Gäste sind da bis auf eine Person. Der Tisch ist zur Feier des Tages reichlich gedeckt, die Atmosphäre ist entspannt und die Gespräche sind mehr als nur Small Talk. Und dann klingelt es an der Tür. Gut gelaunt öffnen wir die Tür und stehen vor einem genervten Gast, der mit seinem Tag wieder einmal nicht zufrieden ist. Ohne überhaupt „Hallo" zu sagen, kommt er rein und schimpft weiter über all das, was seinen Erwartungen nicht entspricht. Dass man ihm nicht immer alles recht machen kann, ist bekannt. Von jetzt auf gleich reißt er uns mit hinein in seine Welt – eine Welt, die von allen Anwesenden als herzlos, egoistisch und dominant wahrgenommen wird. Sogar das Geburtstagskind wird von ihm weder wahrgenommen noch gewürdigt.

Wenn so etwas nur einmal passiert, dann schaut man darüber hinweg, denn jeder Mensch hat mal einen schlechten Tag. Wenn solch ein egoistisches Verhalten aber ein Wesenszug ist, dann ist es nicht okay, sondern eine Zielverfehlung, biblisch gesprochen: Sünde. Das soll uns allen eine Warnung sein. Wir können wer weiß wie fromm sein und es trotzdem versäumen, die Eigenschaften des christlichen Charakters auszuleben. Erklären wir manche Sünden einfach als salonfähig? Wir alle haben einen „blinden Fleck"! Keiner entscheidet sich bewusst dafür, herzlos, egoistisch oder dominant zu sein. Das sind einfach „blinde Flecken" unseres Charakters, die nie angepackt worden sind. Wir alle sind auf die Welt gekommen mit Egoismus in unserem Blut. Wie oft müssen wir Kindern sagen: „Vergesst nicht, mit anderen zu teilen!" Während sie aufwachsen, lernen sie, dass offensichtlich selbstsüchtiges Handeln nicht gut ankommt, also werden ihre egoistischen Taten subtiler.

Damit ist das Problem aber nicht behoben. Auch nachdem wir Christen geworden sind, betreibt unsere selbstsüchtige Natur weiter den Kampf gegen Gottes Geist. Egoismus ist oft schwer zu entdecken, weil wir ihn eher bei anderen bemerken, nicht aber bei uns selbst. Dieser Egoismus hat unterschiedliche Erscheinungsformen und zeigt sich zum Beispiel in unseren Interessen, in unserem Umgang mit Zeit oder Geld und darin, wie wir unsere Mitmenschen behandeln. Egoistische Menschen denken nicht darüber nach, welche Auswirkungen ihre Worte, Taten und Launen auf die Gefühle anderer oder auf die Atmosphäre einer schönen Gemeinschaft haben. Sie wissen gar nicht, wie harmonisch eine Gemeinschaft ohne sie sein kann, weil sie diese nie erleben. Aber so wie wir lernen müssen, dankbar zu sein, müssen wir auch die Gewohnheit entwickeln, rücksichtsvoll zu sein.

Unser größtes Vorbild ist dabei Jesus: „Ihr wisst ja, was Jesus Christus, unser Herr, in seiner Liebe für euch getan hat. Er war reich und wurde für euch arm; denn er wollte euch durch seine Armut reich machen" (2. Korinther 8,9). Selbstlosigkeit oder Rücksicht werden uns höchstwahrscheinlich nicht das Leben kosten, aber sie haben ihren Preis: Sie kosten Zeit und Geld. Sie fordern von uns, dass wir uns mehr für andere interessieren und mehr Rücksicht auf sie nehmen. Weil Egoismus eher im Privaten ausgelebt wird und weniger in der Öffentlichkeit – weil wir uns da meist zusammenreißen – fragen Sie doch Ihre Familie, ob sie Tendenzen zum Egoismus bei Ihnen sieht. Wenn ja, bitten Sie den Heiligen Geist, Ihnen Beweise Ihres Egoismus zu zeigen und Sie zu befähigen, diesen mit seiner Kraft entgegenzuwirken. So lebt sich's gut!

Tipp

Laut Bibel lässt der kluge Mensch sich gerne belehren (Sprüche 12,1). Was wollen Sie demnächst anpacken?

Montag

Galater 5,22-23

Die Früchte des Geistes erwachsen alle aus Herzenseinstellungen, die uns und anderen guttun. Es sind Gedanken, Gefühle und Reaktionen, die aus einem reifen Herzen kommen. Sie entsprechen dem, was Jesus uns vorgelebt hat und was der Heilige Geist in und durch uns bewirken will.

Dienstag

Galater 5,16-18

Wer sich darin übt, seine eigenen Gefühle und Stimmungen durch Gottes Wort zu beeinflussen und zu steuern, der ist seinen Gefühlen nicht mehr ausgeliefert, sondern kann sie konstruktiv beeinflussen zum Wohl des anderen.

Mittwoch

Philipper 2,4

Unsere Interessen können unseren Egoismus verraten. Eine Frage, die Sie sich dazu stellen können, ist: Rede ich mehr über mich oder gebe ich anderen auch die Möglichkeit, über sich zu reden?

11. Woche *Egoismus*

Donnerstag

Galater 6,2

Egoismus kann sich darin zeigen, dass wir übermäßig über unsere Zeit wachen, aber auch darin, dass wir übermäßig die Zeit anderer in Anspruch nehmen.

Freitag

Römer 12,14-16

1. Johannes 3,17

Anteilnehmen am Leben und Leid eines anderen kann zeitaufwendig und kostspielig werden.

Samstag

2. Korinther 8,8-9

Philipper 2,5

Unser Vorbild und Maßstab für ein Gott wohlgefälliges Leben ist Jesus, und er fordert uns auf, ihm nachzufolgen.

12. Woche

Einsamkeit

Hebräer 12,1-3

Einsam, aber nicht allein!

Einsamkeit gehört zu den traurigsten und trostlosesten Worten der menschlichen Sprache. Einsamkeit schafft es, ein Herz ungemein schwer zu belasten. Sie kennt keine Favoriten, sie ignoriert alle Regeln der Höflichkeit, kennt keine Grenzen, hat kein Mitleid und lässt die Zeit erbarmungslos stillstehen. Menschenmengen machen sie nur noch schlimmer und Aktivitäten treiben sie ins uferlose. Einsamkeit setzt viele Tränen frei und löst herzzerreißendes Seufzen und Stöhnen aus. Einsamkeit ist wie ein ungeladener Gast, der abends in der Dämmerung anreist und länger bleibt, als uns lieb ist. Ich denke dabei an meine 91-jährige Mutter, eine Witwe, deren Freunde zum größten Teil auch schon verstorben sind und deren Kinder und Enkel überwiegend im Ausland leben. Ich denke an die Gefangenen in ihren Zellen, an die Soldaten in der Fremde, durch Scheidung allein gelassene Menschen, den Kollegen, der mittendrin ist und doch nicht dabei, das Kind, das von seinen Mitschülern gemobbt wird oder den Nachbarn, der immer außen vor ist, weil er nicht zu den Reichen und Schönen gehört. Ein Profi-Berater hat mir gesagt, es gibt Menschen, die bereit sind, viel Geld zu bezahlen, nur damit er ihnen zuhört. Er bräuchte nichts sagen, keinen Rat erteilen, nur zuhören.

Wo Gemeinschaft und Nähe zur Seltenheit wird, wird die Einsamkeit umso brutaler. Gott sieht das und sorgt sich um uns. Er weiß nicht nur über uns Bescheid, er kann uns sogar verstehen. Es berührt ihn zutiefst, was wir erleben, und er sehnt sich danach, uns zu befreien von unserem Schmerz. Als Jesus am Kreuz von Golgatha hing, erlebte er den Höhepunkt seiner Einsamkeit. Für eine unbestimmte Zeit hatte sein Vater im Himmel ihn verlassen. Seine Freunde waren schon alle geflohen, einer hatte ihn sogar verraten. Und jetzt hatte Gott ihn auch noch verlassen. In dieser furchtbaren quälenden Situation schrie Jesus laut: „Mein Gott, mein Gott, warum hast du mich verlassen" (Matthäus 27,45-46). Die Einsamkeit dieser schrecklichen Stunden, als Jesus unsere Sünde und Schuld am Kreuz für uns trug, ist kaum vorstellbar. Aber zweifellos ist Jesus schon aufgrund dieser Erfahrung in der Lage, uns zu verstehen und Mitleid mit uns zu haben. Wir müssen Jesus nicht erklären, wie sich der Schmerz der Einsamkeit anfühlt. Er kann Anteil an unserem Schmerz nehmen und helfen, ihn zu heilen. Wenn wir einsam sind, brauchen wir einen verständnisvollen Freund. Das ist Jesus. Wenn wir einsam sind, brauchen wir Kraft. Diese gibt uns Jesus Tag für Tag. Wenn wir einsam sind, müssen wir unseren Blick weg von uns und hin auf Jesus richten. Jesus ist der, der uns vorausgegangen ist und uns ans Ziel bringt. Gott ist ein Spezialist für Menschen, die von Einsamkeit geplagt werden. Er besitzt die Fähigkeit, das Herz zu trösten, die Gedanken hoffnungsvoll zu stimmen und das Gemüt aufblühen zu lassen. Das bestätigt mir meine Mutter jedes Mal, wenn wir telefonieren: „Doris, jedes Mal, wenn die Einsamkeit mich wieder quälen will, lese ich in der Bibel und stelle fest: Gottes Wort tröstet wirklich, Jesus holt mich tatsächlich auch aus meinem Selbstmitleid heraus. Das musst du mir glauben!" So lebt sich's gut.

Tipp

Wenn Sie sich ständig
oder häufig einsam fühlen,
müssen Sie versuchen, den Ursprung
dieses Gefühls ausfindig zu machen.
Wir Menschen neigen entweder dazu,
vor unserer Einsamkeit davonzulaufen
oder uns in ihr niederzulassen.
Eine gute Möglichkeit, Einsamkeit zu überwinden,
liegt darin, selbst aktiv zu werden.
Welche Menschen könnten Sie noch kennenlernen
oder wem könnten Sie noch näherkommen?

Montag

Psalm 25,15-22

1. Mose 2,18

Einsamkeit war das erste Problem der Menschheit, das Gott löste. Überlegen Sie mal, wen Sie kennen, der einsam ist. Was könnten Sie tun, um diesen Menschen eine Freude zu machen?

Dienstag

Psalm 62

Einsamkeit als Stille vor Gott kann als Geschenk Gottes betrachtet werden – ein Geschenk, das man annimmt und Gott zurückgibt, damit er es gebraucht. Das erleichtert das Herz und macht Freude.

Mittwoch

Hebräer 10,25

Niemand ist eine Insel. Einsamkeit tut keinem gut. Jeder Mensch braucht das Gegenüber, den Ansprechpartner, das Korrektiv, um erfüllt und produktiv zu sein.

Donnerstag

2. Korinther 6,18

So wie Gott uns wahrnimmt, können wir andere wahrnehmen, ihnen zuhören, sie wertschätzen, uns ihrer erbarmen und einen Weg zu Gott frei machen – das macht den Unterschied in einer einsamen Welt.

Freitag

Johannes 5,1-18

Psalm 68,5-7

Jesus heilt Menschen, damit sie ihren Weg aus der Einsamkeit zurück in die Gemeinschaft der Glaubenden finden.

Samstag

Jesaja 66,13-14

Johannes 16,32

Die wichtigste Nachricht der Bibel heißt: Gott vergisst uns nicht. Wir können dankbar dafür sein, dass Gott nicht nur Mitleid hat, sondern auch die Antwort auf die Frage nach unserem Schmerz ist.

Entscheidungen treffen

Römer 12,2

Einfacher, als man denkt!

An den Abzweigungen des Lebens, am Jahresanfang oder am Geburtstag haben viele von uns typische Fragen, die mit dem Erkennen von Gottes Willen zu tun haben. Wir überlegen, wie wir gute Entscheidungen treffen können, damit alles gut ausgehen wird: Wo sollen wir dieses Jahr Urlaub machen? Sollen wir unsere Arbeitsstelle wechseln oder in Frührente gehen? Single bleiben oder heiraten? Ein weiteres Ehrenamt annehmen oder alles langsamer angehen? Bei all den Dingen, die wir tun könnten und angesichts all der Orte, wohin wir gehen könnten – woher sollen wir wissen, was davon für uns persönlich richtig ist? Wie können wir Gottes Reden hören, damit wir ihm gefallen und seinen Segen nicht verpassen? Vielleicht haben wir manchmal Schwierigkeiten, Gottes perfekten Plan für uns herauszufinden, weil Gott gar nicht vorhat, uns einen detaillierten Plan mitzuteilen. Vielleicht ist es unser Problem, dass wir trotzdem genau das von ihm erwarten.

Als ich vor Jahren meine Eltern fragte, ob sie vor ihrer Umsiedlung von Deutschland nach Kanada nach Gottes Willen gefragt hätten, schüttelte mein Vater verneinend den Kopf. Er hatte weder um ein Zeichen vom Himmel gebeten noch eine Schrift an der Wand erwartet, auch keine Verheißung, wie seine Zukunft in Kanada aussehen würde. Und das, obwohl er ein tiefgläubiger Mensch war. Er las regelmäßig in der Bibel, lebte mit Jesus und nutzte seinen gesunden Menschenverstand, der ständig durch Gottes Wort geheiligt wurde. Den Willen Gottes über das hinaus zu suchen, was Gott moralisch geboten hat, war für ihn ein fremdes Konzept. Seine Vorgehensweise war offensichtlich: Du tust einfach die naheliegenden Dinge, und während du sie tust und Jesus treu nachfolgst, verbringst du nicht Unmengen von Zeit damit, um herauszufinden, ob du dich für das Non-Plus-Ultra entschieden hast und ob dir dies andauerndes Glück und Erfüllung sichert.

Unser persönlicher Eifer, den Willen Gottes zu suchen, ist nicht immer gleichbedeutend mit einem Herz, das unbedingt Gott gehorchen und Jesus nachfolgen will. Manchmal ist da eher ein Kopf aktiv, der ständig um all die Optionen kreist, aus denen es zu wählen gilt. Die meisten unserer Gebete lassen sich in zwei Kategorien einordnen: Entweder wir beten darum, dass alles gutgehen wird, oder wir beten um das Wissen, dass alles gut gehen wird. Aber es ist nicht Gottes Weg, uns einen detaillierten Zukunftsplan für unser Leben in die Hand zu drücken, sondern er redet durch die Bibel zu uns, er verändert uns durch die Erneuerung unseres Denkens. Und zwar so, dass wir in der Lage sind, mit einem gesunden Menschenverstand, der stets durch Gottes Wort geheiligt wird, richtige Entscheidungen zu treffen.

In Römer 12,2 heißt es: „Stellt euer ganzes Leben Gott zur Verfügung! Bringt euch Gott als lebendiges Opfer dar, ein Opfer völliger Hingabe, an dem er Freude hat. Das ist für euch der vernunftgemäße Gottesdienst. Passt euch nicht den Maßstäben dieser Welt an. Lasst euch vielmehr von Gott umwandeln, damit euer ganzes Denken erneuert wird. Dann könnt ihr euch ein sicheres Urteil bilden, welches Verhalten dem Willen Gottes entspricht, und wisst in jedem einzelnen Fall, was gut und gottgefällig und vollkommen ist!" Wenn Sie dem souveränen Willen Gottes vertrauen, können Sie sich völlig nach seinem moralischen Willen ausrichten, ohne sich über seinen individuellen Willen für Ihr Leben sorgen zu müssen. So lebt sich's gut!

Tipp

Wenn Sie das nächste Mal vor einer Entscheidung stehen, fragen Sie sich: Dient meine Entscheidung zu meiner Heiligung und zur Ehre Gottes?

Montag

5. Mose 29,28

2. Mose 20,1-17

Es gibt einerseits Gottes souveränen Willen, der für uns oft rätselhaft ist, aber immer Wirklichkeit wird, und andererseits gibt es Dinge, die für uns kein Geheimnis sind, nämlich Gottes moralischer Wille in der Bibel, den wir beachten und befolgen sollen.

Dienstag

Matthäus 6,33

Markus 12,29-30

Wenn wir uns zuallererst darum bemühen, Gott zu gefallen, ihn zu lieben und auch unsere Mitmenschen zu lieben, dann wird Gott uns mit allem versorgen – auch mit genügend Wissen und seiner Führung – um gute Entscheidungen zu treffen.

Mittwoch

Römer 8,28-29

Gott hat einen wundervollen Plan für unser Leben, der uns durch alle Höhen und Tiefen bringt, während wir Jesus nachfolgen und ihm immer ähnlicher werden.

Donnerstag

Sprüche 16,1

Sprüche 16,9

In Gottes Augen ist das Strickwerk unseres Lebens einmalig und kostbar. Unter seinem liebevollen Blick lösen sich Knoten, wird Fehlendes ergänzt und verwandeln sich Laufmaschen in Muster. Mit sicherer Hand fügt er unser Strickzeug ins Ganze seines großen wunderbaren Schöpfungsmusters ein.

Freitag

4. Mose 27,1-11

Jakobus 1,5

Gott handelt durch Menschen, die nach seinem Willen fragen und keine schnellen Entscheidungen treffen oder nach dem Motto leben: So haben wir es immer getan!

Samstag

Psalm 31,15

Psalm 37,5

Wenn wir vor wichtigen Entscheidungen stehen, brauchen wir Gott nicht in den Ohren zu liegen, dass er uns die Zukunft aufzeigt, sondern wir dürfen entspannt mit ihm leben, ihn immer besser kennenlernen und ihm gehorchen, weil wir überzeugt sind, dass er unsere Zukunft in seinen Händen hält.

Ermutigung

Sprüche 18,21

Gute Worte haben eine bleibende Kraft

Mark Twain hat einmal gesagt: „Ich kann zwei Monate von einem netten Kompliment leben!" Wie recht er hat! Mir selbst hat es ausgesprochen gutgetan, vor Kurzem eine Nachricht zu bekommen, in der eine Frau kurz und aussagekräftig schrieb: „Du bist am richtigen Platz, das spürt man!" Solche Worte haben eine bleibende Kraft. Sie können Berge versetzen! Wenn wir mal niedergeschlagen sind, können ermutigende Worte bei uns Mut wecken. Wenn uns Interesse fehlt, können motivierende Worte Interesse bei uns wecken. Jede und jeder von uns weiß, wie wertvoll es ist, von anderen zu hören, dass wir etwas gut gemacht haben. Wir alle können uns an Situationen erinnern, in denen wir über uns selbst hinausgewachsen sind, weil jemand uns ermutigt hat, seien es der Partner, der an uns glaubte, die Eltern, die uns Mut zugesprochen haben, der Freund, der uns ermutigt hat, etwas noch einmal zu versuchen, was nicht gelungen war, oder der Chef, der uns noch Größeres zutraute. Wir alle sind auf Ermutigung angewiesen. Dabei geht es nicht um kritiklose Anerkennung. Ermutigt zu sein bedeutet, unseren Schwächen mutig ins Gesicht zu sehen, dann aber mit unseren Stärken zu wuchern.

Tatsache ist: In unseren Herzen schlummert die Macht, anderen Menschen Mut zuzusprechen. Wenn wir andere lieben, so wie Jesus uns liebt, dann kann es passieren, dass wir uns aus Liebe an andere verschenken: mit einer Liebe, die ihnen nicht das Gefühl gibt, auf der Verliererseite des Lebens zu stehen, sondern die sie aufbaut. Zum Beispiel durch Ermutigung oder indem wir einen Kollegen zum Essen einladen oder mit einem Verwandten Kontakt aufnehmen, der nicht zu unseren Lieblingsmenschen gehört. Derselbe heilende Geist, der in Jesus wohnt und die Blinden wieder sehen, die Tauben wieder hören und die Lahmen wieder gehen lässt, ist der heilende Geist des auferstandenen Jesus, der durch uns hindurchströmen kann.

Wenn wir andere Menschen wertschätzen, dann werden wir uns danach ausstrecken, sie zu berühren und zu ermutigen.

Der größte Ermutiger aber bleibt Gott selbst. Er ermutigt uns durch sein Wesen und sein Wort, durch beantwortete Gebete, durch Menschen oder auch durch seine Schöpfung. Gott liebt uns, glaubt an uns und macht uns immer wieder Mut, unabhängig von unseren Leistungen oder unserem Versagen. Von ihm werden wir nie zu hören bekommen: „Mich um dich zu kümmern, ist vergeudete Zeit! Du bist unverbesserlich! Gut, dass ich mit dir nichts mehr zu schaffen habe, und wage es nicht, noch mal angekrochen zu kommen!" Gott sieht immer tiefer. Hinter dem bissigen Sarkasmus, den Verteidigungsmechanismen, dem Stolz und dem mangelnden Selbstwertgefühl der Menschen sieht er Personen, die nicht angemessen ermutigt worden sind. Menschen hören manchmal auf zu wachsen, weil jemand aufgegeben hat, an sie zu glauben. Wir können aber auch lernen, uns selbst zu ermutigen, indem wir unsere Gedanken auf Gottes Wahrheiten ausrichten statt auf zerstörerische Halbwahrheiten. Ermutigt zu leben heißt: ein starkes Selbstvertrauen aufzubauen. Und das können wir, denn als Gott uns schuf, bezeichnete er uns höchstpersönlich als „sehr gut". So lebt sich's gut!

Tipp

Lassen Sie sich
von Gott, von anderen
und von sich selbst ermutigen
und ermutigen Sie andere.
Dafür brauchen Sie keine
besondere Technik und es ist
sogar kostenlos!

Montag

Lukas 19,1-10

Auch wenn uns niemand mehr zutraut, dass wir etwas zustande bringen, Jesus glaubt an uns und gibt uns niemals auf.

Dienstag

Römer 5,15

Gott ist für uns der Exklusivlieferant für Ermutigung. Von ihm kommen alle Ermutigungen.

Mittwoch

Psalm 127,1

Der Grund, weshalb wir manchmal so entmutigt sind, liegt darin, dass wir versuchen, aus eigener Kraft zu leben und nicht aus der Kraft Gottes. Gottes Kraft geht alle Wege mit!

14. Woche *Ermutigung*

Donnerstag

Sprüche 24,16

So lange man nicht in einer entmutigenden Situation verharrt, hat man immer die Möglichkeit, wieder neu anzufangen.

Freitag

Galater 6,7-10

Andere Menschen werden sich nach einer Begegnung mit uns entweder ein wenig besser oder ein wenig schlechter fühlen. Wir werden sie entweder bestärken oder ihnen etwas vorenthalten. Eine neutrale Begegnung gibt es nicht.

14. Woche *Ermutigung*

Samstag

1. Samuel 16,7

Die Sehnsucht unseres Herzens findet ihre tiefste Erfüllung in dem Wissen, dass Gott uns so annimmt, wie wir sind. Das hat er in Jesus bestätigt.

15. Woche

Fairness

1. Petrus 3,8-18

Wie Fairplay in einer unfairen Welt gelingen kann

Fairplay gilt als höchstes Gebot bei sportlichen Wettkämpfen, aber auch sonst im Leben. Wir möchten, dass es gerecht zugeht. Fair, ehrlich – gleiches Recht für alle. Das ist aber nicht immer der Fall, und jeder hat das wohl schon am eigenen Leib zu spüren bekommen. Denn: Das Leben ist nicht fair! Zum Beispiel, wenn wir uns ein Haus bauen, aber kurz danach arbeitslos und damit zahlungsunfähig werden. Oder wenn ein Kollege alle Lorbeeren für das bekommt, was wir selbst zustande gebracht haben. Oder wenn wir benachteiligt, beleidigt, beschimpft, gemobbt, reingelegt, schikaniert, ausgegrenzt, ausgenutzt oder enterbt werden.

Wenn Sie jemals unfair behandelt worden sind, dann wissen Sie auch, wie groß die Versuchung ist, Vergeltung zu üben. Von Natur aus bekämpfen wir unfaire Situationen nach dem Motto: Ich werde um mein Recht kämpfen und mich rechtfertigen. Das Problem dabei ist, wir werden uns dadurch zwar vielleicht vorübergehend besser fühlen, doch eine bleibende Zufriedenheit werden wir nicht erreichen. Also, wie können (oder sollten) wir mit Ungerechtigkeiten umgehen? In der Bibel steht: „Kann euch überhaupt jemand Böses antun, wenn ihr euch darum bemüht, das Gute zu tun? (1. Petrus 3,13) Das ist ein Prinzip, eine allgemeingültige Regel, und natürlich gibt es die Ausnahme zur Regel. Aber im Allgemeinen ist es so, dass, wenn wir selbst andere Menschen fair behandeln, wir langfristig gesehen nicht so viel ertragen und erdulden müssen wie diejenigen, die gewöhnlich das Ungerechte tun. Meistens ist es so, dass wir uns eine Menge Ärger und Leid ersparen, wenn wir Menschen fair behandeln.

Aber, trotz dieses allgemeinen Prinzips, und obwohl wir uns bemühen, gerecht und fair zu sein, stellen sich manchmal trotzdem Menschen und Situationen des Lebens gegen uns. Und die Frage ist dann: Wie reagieren wir, wenn das der Fall ist? Wie verhalten wir uns, wenn die Ausnahme von der Regel uns passiert? Wie wir persönlich auf Ungerechtigkeiten reagieren, ist sehr unterschiedlich: Manche Menschen schlagen aggressiv zurück. Sie nehmen kein Blatt vor den Mund und beschuldigen oder verleumden ihre Peiniger auch hemmungslos in der Öffentlichkeit. Andere Menschen reagieren passiv auf Ungerechtigkeiten. Sie verhalten sich nach außen zurückhaltend, wollen den Eindruck erwecken, dass sie ihre Gefühle und Emotionen im Griff hätten. Aber während sie das Unrecht augenscheinlich schweigend hinnehmen, rächen sie sich doch, wenn auch ganz still und heimlich. Und wieder andere leugnen ihre Gefühle der Feindseligkeit. Doch tief innen drin staut sich der Ärger doch auf, und ihre Rachegefühle fressen sie auf wie Säure. Das Problem bei diesen drei Reaktionen ist, dass wir vielleicht unseren inneren aggressiven Vergeltungsdrang vorübergehend befriedigen können, doch keine von ihnen führt zu einer bleibenden Lösung. Indem wir öffentlich zurückschlagen, uns heimlich rächen oder so tun, als existiere das Problem nicht, kommen wir auf keinen grünen Zweig in unseren Beziehungen und werden unsere Gefühle der Feindseligkeit und Rache nicht los. Aber es gibt Alternativ-Reaktionen in der Bibel, die uns helfen, ein Friedensstifter zu sein, einen Heilungsprozess in die Wege zu leiten und durch die wir das Herz des anderen erobern können. So lebt sich's gut!

Tipp Bevor Sie diese Woche die Alternativ-Reaktionen der Bibel studieren, überlegen Sie mal, welche der drei bekannten Reaktionen auf ungerechte Behandlungen bei Ihnen am ehesten vorkommt. Vergleichen Sie Ihre Reaktion mit denen von Jesus (1. Petrus 2,21-25).

Montag

Römer 12,17-21

Unsere Reaktionen öffnen oder verschließen Türen zu den Herzen anderer Menschen. Wann haben Sie zuletzt auf eine gute Gelegenheit verzichtet, Vergeltung zu üben? Wann haben Sie zuletzt eine Verletzung dadurch überwunden, dass Sie Ihrem Peiniger Gutes getan haben?

Dienstag

1. Petrus 3,8

Wer bemüht ist, zwischenmenschliche Mauern niederzureißen und Menschen zu gewinnen, erweitert sein Herz, um den anderen mit einzuschließen, anstatt ihn auszugrenzen. Er nähert sich dem Menschen, anstatt sich von ihm zu distanzieren.

Mittwoch

1. Petrus 3,16

Wer bemüht ist, das Positive im anderen zu sehen, anstatt nur dessen Fehler und Fehlverhalten, dem wird es leichter fallen, anderen Menschen mit Respekt und Freundlichkeit zu begegnen. Das schließt nicht aus, dass wir das, was nicht in Ordnung ist, in Liebe ansprechen.

Donnerstag

1. Petrus 3,14

Wer keine Berührungsängste hat, durch den kann Gott Segen verbreiten und Beziehungen verändern.

Freitag

Johannes 8,1-10

Fair sind wir, wenn wir wissen, wann und wo wir keine strenge Gerechtigkeit anwenden sollten nach den Prinzipien „Wie du mir, so ich dir“ oder „Jeder Fehler muss konsequent bestraft werden“.

Samstag

Sprüche 16,7

Sprüche 2,6-8

Wenn das Leben mal nicht fair zu uns ist, können wir uns trotzdem entscheiden, selbst fair zu bleiben. Das ist die Voraussetzung dafür, dass Gott in unserem Leben gerecht handelt, für Gerechtigkeit sorgt und uns zum Recht verhilft. Wann – das bleibt ihm überlassen.

Familie

Maleachi 3,22-24

Lukas 1,17

Lernplattform für die wichtigsten Lektionen des Lebens

Beziehungsthemen haben im Leben einen hohen Stellenwert, und besonders die Beziehungen innerhalb der Familie sind prägend. In der Familie lernen wir die wichtigsten Lektionen. Hier werden die bedeutendsten Beziehungen aufgebaut. Wo Menschen Tag und Nacht, gute und schlechte Tage zusammen verbringen, wird der Charakter am meisten geformt und geprägt, ganz nach dem Motto: Was uns prägt, geben wir prägend an andere weiter! Schon im Alten Testament wird deutlich, wie sehr Gott Israel, sein auserwähltes Volk, am Herzen liegt. Seine Kinder stehen im Mittelpunkt. Sie sollen ein vorbildliches, anständiges Volk sein. Hier sollen Beziehungen funktionieren. Hier sollen die Menschen Gott ernst nehmen, Vergebung und Versöhnung ausleben. Durch sie will Gott sich verherrlichen und der Welt zeigen, was es heißt, ein gesegneter Mensch zu sein.

Auch heute will er unter seinen Kindern wirken, direkt und aktiv. In Ehen, Familien, unter Verwandten und in Gemeinden. Das war, ist und bleibt sein Plan. Weil das nicht immer so funktioniert, wie es sein könnte und sollte, hilft Gott uns. Er schickt uns Menschen, die uns an ihn und seine Spielregeln erinnern, wie z. B. Johannes den Täufer, der in Maleachi 3,22-24 gemeint ist (vgl. Johannes 1,21 aber auch Matthäus 11,10; Lukas 7,27; Matthäus 17,11). Er wurde gesandt, um das Herz der Eltern den Kindern und das Herz der Kinder den Eltern zuzuwenden und beide miteinander zu versöhnen. Johannes bekommt einen wunderbaren Auftrag von Gott, der zwei Aufgaben beinhaltet (Lukas 1,17): Das Herz der Eltern den Kindern zuzuwenden und alle Ungehorsamen auf den rechten Weg zurückzubringen. So soll Johannes dem Herrn Jesus Menschen zuführen, die auf sein Kommen vorbereitet sind. Er weist auf das Kommen Jesu hin – auf den großen Friedensbringer. Auf den, der Versöhnung möglich macht, auch zwischen Eltern und Kindern.

Ohne Zweifel standen und stehen Eltern und Kinder immer wieder in der Gefahr, sich auseinanderzuleben, sich nicht mehr zu verstehen, kein Herz mehr füreinander zu haben. Warum ist das so? Was war damals schiefgelaufen und warum? Lag es an falschen Prioritäten? Was war den Eltern wichtiger geworden als Gott und ihre Kinder? Vielleicht ihre Arbeit, die Karriereleiter, das Ansammeln und Pflegen von Besitz? Was war damals den Kindern, Teenies und Jugendlichen so wichtig geworden – wichtiger als Gott und ihre Eltern? Vielleicht die Meinung der Mehrheit, die Anerkennung ihrer Freunde? Was war den Eltern und den Kindern so wichtig geworden, dass sie sich gegenseitig nicht mehr am Herzen lagen? Konflikte zwischen Jung und Alt gab es schon immer. Problematisch wird es aber, wenn wir kein Herz mehr für unsere Allernächsten haben, wenn Unversöhnlichkeit und Unfrieden unsere Beziehungen bestimmen. Und wenn selbst Christen ihre Beziehungen nicht mehr auf die Reihe kriegen, was soll dann aus den Familien werden, die Gottes Liebe und seine Führung noch nicht kennengelernt haben?! Wie soll Gott sich durch Beziehungen von Menschen verherrlichen, die im Unfrieden leben, die kein Herz füreinander haben?

Johannes sollte in erster Linie über veränderte Herzen der Eltern und der Kinder sprechen und das Volk vorbereiten für Gott und für die Ewigkeit. Das zeigt uns, wie wichtig ein gutes Miteinander innerhalb der Familie ist. Der Auftrag von Johannes dem Täufer ist ein Aufruf an uns, unsere Herzen Gott zuzuwenden und unseren Familien. So können wir uns auf das Kommen Jesu vorbereiten. So lebt sich's gut!

Tipp

Was können Sie tun,
um Ihr Herz noch mehr
Menschen aus anderen
Generationen zuzuwenden?

Montag

Psalm 78,3-8

Im Alten und Neuen Testament wird gläubigen Eltern eine entscheidende Aufgabe übertragen: Sie sollen ihre Kinder anleiten, Gott zu lieben und ihn ernst zu nehmen.

16. Woche *Familie*

Dienstag

Epheser 6,1-4

Sprüche 2,12

Kolosser 3,21

Wo elterliche Erziehung die Erziehung Gottes nachahmt, da wird nicht missbräuchlich oder in verletzender Absicht erzogen, sondern Erziehung geschieht in Liebe und mit Wohlwollen.

Mittwoch

1. Samuel 2,22-36

Die Feuerprobe starker Eltern liegt nicht in ihren sozialen Fähigkeiten, nicht in ihrem Wissen über Gott und sein Gesetz und auch nicht darin, ob sie sich in der Öffentlichkeit im Griff haben. Die Feuerprobe, durch die man zu einem starken Vater oder zu einer starken Mutter wird, erlebt man zu Hause, also da, wo nur Ihre Kinder Sie sehen, hören und erleben.

16. Woche *Familie*

Donnerstag

1. Samuel 2,29-30

Sprüche 19,18

1. Samuel 3,11-13

Wo Eltern Gott selbst nicht ernst nehmen und ihnen das Erfüllen der Wünsche ihrer Kinder wichtiger ist als Gottes Wünsche zu erfüllen, werden die Kinder zu den Leidtragenden. Es sind die Kinder, die am Ende die Rechnung dafür bezahlen müssen.

Freitag

2. Mose 20,12

Die Eltern zu ehren, bedeutet nicht nur Gehorsam. Vielmehr ist das vierte Gebot ein Wegweiser hin zur Liebe, die uns zeigt, wie unser Leben gelingen soll: Wo Menschen einander ehren, tragen sie sich gegenseitig durchs Leben.

16. Woche

Familie

Samstag

2. Korinther 13,11

Römer 12,16+18

Römer 15,7

Gesunde Beziehungen zwischen den Generationen erkennt man daran, dass Gelegenheiten gesucht und genutzt werden, um sich gegenseitig zu fördern und zu unterstützen. Ziel dabei ist, ermutigend und respektvoll miteinander umzugehen und voneinander zu lernen.

17. Woche

Fragen

Habakuk 3,16-19

Mit Gottes Antworten leben lernen

Kinder sind bekannt dafür, Fragen über Fragen zu stellen. Doch nicht immer bekommen sie eine zufriedenstellende Antwort. Zum Beispiel dann nicht, wenn eine Mutter auf mehrere Fragen ihres Kindes hintereinander antwortet: „Weiß ich nicht", und das Kind noch eine weitere Frage oben drauf setzt: „Mama, es macht dir doch nichts aus, dass ich dir so viele Fragen stelle, oder?", und die Mutter dann einfach sagt: „Nein, wie willst du denn sonst etwas lernen, wenn du keine Fragen stellst!" Eigentlich ist das nicht zufriedenstellend. Vielleicht kennen Sie das in Bezug auf Gott. Sie haben ihm Fragen gestellt, auf die Sie Ihrer Meinung nach bis heute keine zufriedenstellenden Antworten bekommen haben. Oder Sie bekommen erst nach langem Warten eine Antwort, mit der Sie überhaupt nicht gerechnet hatten – eine Antwort, die Sie vielleicht gar nicht hören wollten. Manchmal müssen wir Dinge umarmen, die wir nicht umarmen wollen. Manchmal müssen wir Tatsachen akzeptieren, die wir nicht ändern können. Vielleicht befinden Sie sich gerade jetzt in einer solchen Lage? Sie haben keine Wahl, Sie müssen eine Situation annehmen, die alles andere als ideal ist. Oder Sie müssen in einer Beziehung leben, die sehr viel zu wünschen übrig lässt.

Widrige Umstände können bei uns Zweifel an Gottes Gegenwart auslösen (Habakuk 2,1-4.13-14; Psalm 13,2). Sie können unser Bild von Gott verzerren und uns einreden, Gott sei untätig. Ein unerhörtes Gebet kann unsere Herzen schwer belasten, ebenso eine völlig unerwartete Antwort von Gott. Eine Antwort, die vorerst keine Glückstage vorhersagt oder die uns nicht vergewissert, dass uns schlechte Tage erspart bleiben. Dann tut es uns manchmal leid, dass wir Gott überhaupt eine bestimmte Frage gestellt haben.

Wenn wir unsere letzte Hoffnung auf einen gerechten Gott verlieren, der es gut mit uns meint, dann verlieren wir eigentlich alles! Wohin wollen wir gehen, wenn wir unser Vertrauen in Gottes Wesen verlieren? Was sollen wir tun, wenn wir einem moralischen Problem gegenüberstehen und keine

Lösung finden? Wir müssen Gott vertrauen, bis wir seine Perspektive gewinnen (Habakuk 2,1). Wenn wir nicht nur Zweifel an Gott haben, sondern uns auch für unsere Einstellung ihm gegenüber schlecht fühlen, werden wir kaum beten können. Das Einzige, das wir dann tun können, ist, geduldig zu warten, bis wir eine andere Perspektive bekommen und die Dinge des Lebens so sehen, wie Gott sie sieht.

Wichtig ist, dass wir bei allem, was wir erleben, in erster Linie Gott suchen, nicht eine bestimmte Antwort. Das Leben auf dieser Erde wird nie nur schön sein. Vor Unangenehmem gibt's kein Entkommen. Aber wir können mitten drin im Vertrauen auf Gott leben, dass er alles zu seinem guten Ziel bringen wird. Wer sein Vertrauen auf Gott setzt, indem er ihm treu ist, wird erfahren, dass Gott treu zu ihm und seinem Wort steht. Er wird Gottes Wegen, seiner Geschichte mit ihm vertrauen und sie umarmen, obwohl er noch keine Veränderung sieht, obwohl er keine positive Entwicklung erkennt, obwohl er noch nichts in der Hand hat, obwohl er noch keinen Beweis von Gott hat, obwohl er noch länger warten muss und das Ersehnte noch ausbleibt. Wer Gott vertraut, erlebt, dass er mächtig ist und uns seine Kraft gibt. So lebt sich's gut.

Tipp Lesen Sie das ganze Buch
Habakuk und fragen Sie sich:
Will und kann ich Gott preisen –
nicht für das, was ausbleibt, sondern dafür,
dass er mitten drin ist in allem,
was gerade in meinem Leben läuft
oder nicht läuft?

17. Woche

Montag

Fragen

- ***Habakuk 2,3***
- ***Psalm 130,5-6***
- ***Klagelieder 3,25-26***
- ***Micha 7,7***

In der Ruhe liegt die Kraft. In der Stille kommt der Weitblick von Gott.

Dienstag

Fragen

Habakuk 2,20

Jesaja 55,8-9

Gott wirkt in unserem Leben trotz Einsamkeit, Frustration, Verwirrung und Depression, um seinen Plan zu erfüllen, während er seine Liebe, Gerechtigkeit und Heiligkeit aufrechterhält. Diese Wahrheit verändert uns, aber nicht immer die Situation.

Mittwoch

Sprüche 13,12

Psalm 121

Im Wartezimmer Gottes befinden wir uns nicht endlos und auch nicht untätig. Solange wir dort sind, vertrauen wir auf Gott und bleiben ihm treu, weil er das letzte Wort hat.

Donnerstag

2. Petrus 1-3

Habakuk 2,4

Wer einem Gott vertraut, der treu ist, der wird wie Gott – auch treu! Vertrauen produziert Durchhaltevermögen. Manchen Menschen fällt es leichter, Gott zu gehorchen, aber nicht so leicht, ihm zu vertrauen. Bei anderen ist es umgekehrt. Jeder muss an dem arbeiten, was ihm persönlich schwerfällt.

Freitag

Matthäus 10,29-31

Matthäus 28,20

Gott hat uns niemals versprochen, dass kein Spatz auf die Erde fallen würde. Was er allerdings versprochen hat, ist, dass ohne ihn kein Spatz auf die Erde fällt. Wir können uns und anderen nicht versprechen, dass es keine Probleme, keine Enttäuschungen, kein Leid geben werde. Wir können auch nicht jedes Wehwehchen „gutküssen", aber wir können damit rechnen, dass Gott jeden Tag bei uns ist.

17. Woche

Fragen

Samstag

Hebräer 13,5b-6

2. Korinther 1,3-4

Wenn wir unseren Umständen nicht entkommen können, müssen wir Gottes endgültigen Plan, sein oberstes Ziel mit uns und anderen umarmen und ihm vertrauen, weil er vertrauenswürdig ist.

18. Woche

Freiräume

Prediger 4,6

Weniger ist mehr

Das Non-Stop-Leben hat manche von uns zu „Profi-Stöhnern“ gemacht: Einer klagt mehr und besser als der andere. Es ist, als wären wir Teilnehmer eines Wettbewerbs. Trotz übler Konsequenzen wird jeder Tag mit Terminen und Verpflichtungen überfüllt. Vor einiger Zeit musste ich an einer Sitzung teilnehmen, zu der ich auch pünktlich eintraf. Doch außer mir war erst ein weiterer Teilnehmer schon da. Und während wir auf die anderen warteten, sagte dieser Kollege zu mir: „Es muss einem heutzutage ja fast peinlich sein, wenn man zu Sitzungen pünktlich erscheint, denn so könnte man ja den Anschein erwecken, entweder nicht gefragt oder nicht ausgelastet zu sein!“

Wenn man solche Bemerkungen hört, muss man sich doch fragen: „Was oder wer jagt uns? Jagen wir nach dem Wind? Was hat es uns gebracht? Vielleicht kennen Sie Schreibhefte mit einem breiten Rand. Dieser Rand hat seinen Sinn, denn wenn wir eine Seite bereits vollgeschrieben haben, können wir später trotzdem noch den einen oder anderen wertvollen Gedanken, Korrekturen oder Bewertungen hinzufügen. Würden wir versuchen, diese Anmerkungen und Bemerkungen auch noch zwischen den schon vollgeschriebenen Zeilen unterzubringen, ergäbe das ein heilloses Durcheinander. Ein Wirrwarr, mit dem wir und auch andere wenig oder gar nichts anfangen könnten.

Natürlich liegt es an uns selbst, ob wir Schreibhefte mit breitem Rand nutzen oder nicht. Es gibt auch welche ohne Rand. Genauso liegt es auch an uns selbst, ob wir in unserem Leben bewusst Freiräume schaffen und diese nutzen oder nicht. So wie Kinder Spielräume brauchen, damit sie sich wohlfühlen, so können Erwachsene nicht ohne Zeitfenster leben, die ihnen Freiräume verschaffen. Freiräume bewirken einen großen Unterschied in vielen Bereichen unseres Lebens:

1. Im physischen Sinn: Wenn wir statt des Aufzugs die Treppen benutzen und nach drei Etagen noch nicht außer Atem sind, zeigt uns das, dass wir fit sind und genügend Kraftreserven haben.
2. In finanzieller Hinsicht: Wenn wir am Ende des Monats noch Geld übrighaben und schwarze Zahlen statt rote schreiben.
4. In emotionaler Hinsicht: Wenn uns unerwartete Situationen nicht völlig aus der Bahn werfen, sondern wir auch dann noch ruhig reagieren können, zeigt das, dass wir Geborgenheit empfinden und einen festen Stand haben.
5. Der zeitliche Aspekt: Wenn wir Zeit finden, uns mit anderen Menschen zu treffen oder selbst zur Ruhe zu kommen, bedeutet das, dass wir uns von der Hektik und Hetze nicht gefangen nehmen lassen.

Freiräume zu schaffen, das ist eine effektive Behandlung der Hetzkrankheit, die im 21. Jahrhundert so verbreitet ist. Die Einzigen, die unser Zeitmanagement in den Griff bekommen können, sind wir selbst, indem wir uns mehr Freiraum schaffen: Das Unerwartete erwarten, nein sagen lernen, Aktivitäten beschneiden, Einfachheit üben, realistisch planen, Zeit zur Reflexion für sich selbst schaffen, und – ganz wichtig – Freiräume für Gott schaffen. Wenn wir mit Gott Zeit verbringen, dann wird uns das davor bewahren, uns durch den Alltag hetzen zu lassen. Gott möchte für uns sorgen und uns Perspektiven für die Zukunft zeigen. Lassen Sie sich in den nächsten Tagen in aller Ruhe auf die Worte Gottes zu diesem Thema ein. So lebt sich's gut.

Tipp

Wenn Sie Ihr Leben so gestalten möchten, dass es nicht nur gefüllt, oder vielleicht überfüllt, sondern erfüllt ist, dann lassen Sie Gott einmal am Rand Ihres vollbeschriebenen (Lebens-)Blattes seine Auswertung vornehmen. Wer Gott sucht und seine Zusagen für sich persönlich in Anspruch nimmt, der findet neue Kraft und neue Perspektiven.

Montag

Psalm 31,16-16a

Psalm 32,6-8

Wenn wir in der Gegenwart dessen sind, der unser Leben und unsere Zeit in seinen Händen hält, bekommen wir die richtige Lebensperspektive. Hier können wir auftanken, uns ausruhen, abladen und von Gott selbst lernen.

18. Woche

Freiräume

Dienstag

Matthäus 11,28-30

Epheser 3,20-21

Psalm 63,1-9

Gott ist der Erfinder des Lebens und kann daher die besten Vorschläge machen, wie er es sich gedacht hat. Nur er kann uns alles geben, was wir brauchen, und das im Überfluss.

Mittwoch

Sacharja 9,16-17

Hebräer 4,8-11

Gott möchte uns – im übertragenen Sinn – schleifen, polieren und pflegen, sodass wir eine positive Ausstrahlung haben, denn Ruhe zieht das Leben an und Unruhe vertreibt es.

Donnerstag

Psalm 23

Gott ist nicht pro Erschöpfung. Er selbst möchte für uns sorgen. Er möchte, dass wir ihn als Kraftquelle anzapfen, damit wir nicht vor Erschöpfung umfallen, weil wir uns nur um uns selbst gedreht haben.

Freitag

Matthäus 16,24-26

Prediger 2,11

Überfüllte Terminkalender, Dauerstress und ein Leben ohne Freiräume rauben uns die Freude im Leben, an unserer Arbeit, an Menschen und nicht zuletzt an Gott.

Samstag

Markus 2,23-28

Freiräume sind ein Geschenk des Himmels an uns Menschen und ein ungeahnter Segen, wenn wir sie richtig nutzen.

19. Woche

Freude

Sprüche 17,22

Freudenfresser adé

Experten bestätigen, was die Bibel schon immer gesagt hat: Lachen ist gesund. Genau deswegen sorgen Clowns in Kinderkliniken dafür, dass die kleinen Patienten Angst und Schmerzen besser verarbeiten. Sich von Herzen zu freuen, das erleichtert unser ernstes Leben, reduziert unsere Spannungen, verändert unsere Erwartungen und schüttet in uns die sogenannten Glückshormone aus. So komisch es klingt: Das Lachen hat gewissermaßen einen Betäubungseffekt und ermöglicht uns somit eine Erholungspause. Solche Ablenkungen können einen großen Unterschied bewirken, weil sie uns helfen, mit den Forderungen des Alltags besser zurechtzukommen. Jede und jeder von uns muss sich selbst die Erlaubnis gewähren, solche „kleinen Ausflüge" im Alltag zu genießen – ohne Schuldgefühle – und auch dann, wenn nicht alles perfekt ist. Wir alle kennen Dinge, die wir gerne ganz anders hätten, und für die wir vielleicht auch um Veränderung beten. Das heißt aber nicht, dass wir es zulassen müssen, dass unangenehme Situationen, Umstände oder Menschen uns unglücklich machen.

Unsere Freude wird beeinflusst durch unsere Erwartung, dass uns noch Gutes passieren wird und das macht die weniger wünschenswerten Umstände etwas erträglicher. Solch eine Freude bewirkt Begeisterung fürs Leben, Entschlossenheit durchzuhalten und weckt ein Verlangen, eine Ermutigung für andere zu sein. Sie verbessert unser Verhalten und unsere Lebensqualität. Wir selbst lieben es doch, mit Menschen zusammen zu sein, die guten Mutes sind, deren Fröhlichkeit ansteckend ist. Andererseits zieht es uns nicht so sehr zu denen, die zur „Wenn-Gruppe" gehören. Menschen, die ständig vermitteln: Ich würde mich ja freuen, wenn meine Umstände anders wären, ich mehr Vorteile hätte, mein Job erfüllender wäre oder meine Familie netter wäre.

Hand aufs Herz: Wann haben Sie zuletzt gedacht: „Wenn ich dies oder jenes hätte … wäre … tun könnte, dann würde ich mich freuen!" Eins müssen wir wissen: So wie Geld uns nicht unbedingt glücklicher oder großzügiger macht und Talente uns nicht unbedingt dankbarer machen, so macht ein bisschen mehr von „egal, was es ist“ uns nicht unbedingt froher. Die glücklichsten Personen sind selten die reichsten, schönsten oder talentiertesten. Menschen, die wahre Freude ausstrahlen, verschwenden keine Gedanken an Wiesen, die woanders grüner sein könnten und sehnen sich nicht nach dem Gestern oder Morgen. Sie genießen den Augenblick, ihre Arbeit, ihre Familien, das Gute um sie herum. Sie fühlen sich wohl in ihrer Welt. Ihre Augen sind nach außen gerichtet. Sie haben die Fähigkeit zu lieben. Ohne Ausnahme gilt: Menschen, die sich grundsätzlich freuen, tun das *dennoch* und selten *wegen* etwas. Sie trachten nach der Freude und arbeiten hart daran, den Freudenkillern zu trotzen. Sie haben sich für die Freude entschieden und wirken folglich auf andere wie eine Freudenspritze. Unsere Köpfe sind wie Tresore, die auf unsere Einlagen oder Einzahlungen warten. Wenn wir regelmäßig positive und aufbauende Gedanken „einzahlen“, werden wir davon auch abheben können. Die Zinsen sind Freude – und laut Bibel auch eine bessere Gesundheit. So lebt sich's gut.

Tipp

Machen Sie den Fröhlichkeitstest:
Haben Sie das Bedürfnis, gewisse Dinge
besitzen zu müssen, um sich zu freuen?
Sind Sie abhängig davon, dass andere Ihnen Freude liefern?
Wenn ja, dann haben Sie eine negative Einstellung.
Haben Sie kein Verlangen nach etwas Handfestem, um froh zu sein,
sondern die Fähigkeit, sich eigene Gründe zur Freude zu schaffen?
Wenn ja, dann haben Sie eine positive Einstellung.

Montag

Philipper 4,4-7

Gottes Therapie für sorgensüchtige Menschen heißt:
Sorge nicht, bete! Loslassen und Lachen sind Zeichen von Reife.

Dienstag

Jesaja 61,10-11

Psalm 89,16-18

Nehemia 8,10-12

Das Trachten nach Freude ist eine Sache, für die wir uns entscheiden müssen, denn es sind nicht immer Umstände oder Menschen, die uns froh machen. Wenn wir darauf warten, dass alles in unserem Leben perfekt wird, damit wir uns freuen können, dann werden wir uns nie freuen können.

Mittwoch

Psalm 118,24-29

Jesaja 55,12-13

Vom Hafen aus schippern Schiffe nach Osten, Westen, Norden und Süden, egal, woher der Wind weht. Nicht der Wind bestimmt ihre Richtung, sondern die Segel.

Donnerstag

Matthäus 13,18-23

Sprüche 15,15

Philipper 4,8

Egal, womit wir gerade kämpfen und warum auch immer Gott diese Dinge zulässt, wenn wir über alles Gute, das Lob verdient, nachdenken, werden wir überleben. Manchmal müssen wir uns einen Ruck geben – oder ein Außenstehender muss es tun.

Freitag

Philipper 4,9a

Wenn unsere „Freuden-Batterie" leer ist, wird uns der Blick auf Mut machende Vorbilder, von denen wir lernen und empfangen, und bei denen wir gelebte Freude hören und sehen können, ankurbeln und in Schwung bringen.

19. Woche

Freude

Samstag

Lukas 4,18-19

Galater 5,22-23

Psalm 51,12-14

Philipper 4,7

Jesus ist gekommen, um uns von allen Freudenkillern zu befreien und unser Denken und Wollen im Guten zu bewahren.

20. Woche

Freundschaft

1. Mose 2,18

Ein guter „Nächster" sein

„Ziemlich beste Freunde" ist ein beliebter Film, der die Geschichte von Philippe di Borgo erzählt, der 1993 beim Paragliding abstürzte und seither vom Hals abwärts querschnittgelähmt ist. Nach dem Unfall suchte Philippe einen Pfleger, der ihn rund um die Uhr versorgen sollte. Dabei fiel ihm unter den vielen Bewerbern ein Mann aus Algerien auf, der zuvor im Gefängnis gewesen war und diesen Job eigentlich gar nicht haben wollte. Philippe stellte diesen Mann trotzdem ein, und Abdel war die nächsten 10 Jahre lang sein Pfleger. Drei Jahre später erlebte er noch einen Schicksalsschlag: Seine erste Frau starb an Krebs. Danach dachte er nur noch an Selbstmord. Überraschenderweise war es Abdel, sein Pfleger, der ihm aus seiner Depression half. Die beiden wurden beste Freunde.

Egal, wo und wie wir unsere Freunde kennenlernen, es passiert meistens zufällig. Zum Beispiel durch unsere Kinder, die Schule, unseren Arbeitsplatz, unsere Gemeinde oder Nachbarschaft. Wir können nie wissen, wann und warum Gott uns bestimmte Menschen über den Weg führt. Manchmal, damit uns geholfen ist, und manchmal, damit ihnen geholfen ist. Daher sollten wir immer unsere Augen und Ohren offenhalten. Wahre Freunde sind Menschen, die uns akzeptieren, die uns beistehen und uns an schweren Tagen helfen. Sie begleiten uns in unseren Rollen und machen unser Leben sinnvoller. Jeder Mensch braucht Freunde. Wenn wir diese Tatsache vergessen oder unterschätzen, dann vielleicht, weil wir uns schwertun, Beziehungen aufzubauen und langfristig aufrechtzuerhalten. Oder weil wir unsere Energie nur in unsere eigene Familie investieren, unsere Herzen ungern vor anderen öffnen. Vielleicht auch, weil unser Leben so hektisch ist, wir lieber unverbindlich sind, Small Talk nicht mögen, Angst vor Ablehnung haben oder einfach vergessen, dass Freunde ein Geschenk des Himmels sind. Dabei haben wir alle das Bedürfnis nach menschlicher Gemeinschaft, und diese Gemeinschaft können wir nicht durch Geld, Leistungen, Erfolg oder Betriebsamkeit ersetzen. Jeder von uns braucht Menschen, die in sein Leben hineinsprechen und uns helfen, bessere Menschen zu sein.

Auch für Jesus waren gute Freunde wichtig! Er sagte zu seinen Nachfolgern, er nenne sie nicht mehr „Diener", sondern „Freunde" (Johannes 15,15). Jesus machte damit einen Unterschied zwischen zwei Arten von Beziehungen: Diener oder Freunde. Einem Diener (Angestellten) gibt man eine Anweisung, einem Freund dagegen schenkt man Vertrauen. Zum Beispiel bitten wir in einem Restaurant den Kellner um einen starken Kaffee und wir bekommen ihn. Einem Freund oder einer Freundin sagen wir auch, warum wir jetzt einen starken Kaffee brauchen. In den schwersten Stunden seines Lebens nahm Jesus – unser Vorbild – seine engsten Freunde mit und bat sie, ihm beizustehen. Kaum zu glauben, aber wahr: Gott hat den Menschen für die Gemeinschaft mit ihm in seinem Ebenbild erschaffen, und Jesus sucht in seiner Not die Gemeinschaft mit dem Vater im Himmel und auch mit seinen irdischen Freunden. Jesus zeigt uns hiermit, dass wir beides brauchen: Verbindung mit Gott und menschliche Verbindungen. Beides, die Gemeinschaft mit Gott und die Gemeinschaft mit Menschen, sind unverzichtbar für uns an guten und schlechten Tagen. So lebt sich's gut.

Tipp Freundschaften werden aufgebaut wie ein Haus: Stein auf Stein. Und die Qualität der Steine, die wir benutzen, um Freundschaften aufzubauen, wird die Qualität unserer Freundschaften bestimmen, wie z. B.: Zeit, Liebe, Treue, Verbindlichkeit und Ehrlichkeit.

20. Woche

Freundschaft

Montag

Markus 14,32-34

Prediger 4,9-12

1. Korinther 13,5c-6

Echte Freunde sind kein Luxus, sondern eine Notwendigkeit. Es ist leichter, die schlechten Tage eines Freundes mitzutragen, als sich an seinen guten Tagen mitzufreuen. Wahre Freundschaft verzaubert: sie macht gute Zeiten besser und lässt uns die schlechten vergessen.
Wo können Sie das Potenzial Ihrer Freundschaften besser nutzen?

Dienstag

Sprüche 18,24

Ein Freund ist jemand, der sich verpflichtet weiß, seinem Freund zu helfen, den Sinn seines Lebens und sein bestmögliches Potenzial in Gott zu erkennen. Auch wenn der Beginn von Freundschaft sich oft rein zufällig oder beiläufig ergibt, sollte das Aufrechterhalten von Freundschaften nicht zufällig oder beiläufig weiterlaufen. Sie brauchen Pflege.

Mittwoch

Galater 6,2

Römer 1,11-12

Psalm 15,1-3

Umso besser wir unsere Freunde in unser Leben einbeziehen und sie informieren, desto besser können sie uns helfen und uns beraten. Ehrlichkeit, Glaubwürdigkeit und Integrität sind Werte, die zu einer guten Freundschaft gehören.

Donnerstag

Sprüche 27,5-6

Sprüche 27,19

Wer einen guten Freund hat, bedarf keines Spiegels. Berechtigte Kritik ist entscheidend für ein Vorankommen in unseren Freundschaften. Wenn wir die Wahrheit an uns ranlassen oder sie zum Wohle des anderen weitergeben, dann haben wir Gott auf unserer Seite.

Freitag

1. Samuel 23,15-18

1. Samuel 16,21-23

Sprüche 11,25

Gute Freundschaften entstehen nicht ohne unsere Beiträge. Ein Freund ist derjenige, dessen Bedürfnisse *ich* entdecke und erfüllen kann, nicht derjenige, der in erster Linie meine Bedürfnisse entdeckt und erfüllt.

Samstag

Sprüche 27,17

2. Korinther 9,8

Für Freunde ist es okay, nicht immer ganz okay zu sein. Aber Freunde kümmern sich auch darum, dass wir nicht so bleiben, wie wir sind, sondern dass wir zu besseren Menschen werden und das Gute in uns noch besser wird.

Gebet

Matthäus 6,6-7

Mit Gott per Du

Viele Menschen beten regelmäßig, also nicht nur dann, wenn sie etwas brauchen, sich etwas wünschen oder in Not geraten. Sie beten zu Gott, weil sie wissen, dass sie mit all ihren Anliegen zu ihm kommen dürfen und sollen. Ich persönlich führe auch Gebetslisten und bringe diese jeden Monat auf den neuesten Stand. Solche Gebetslisten enthalten Rubriken mit Punkten zum Danken, für Entschuldigungen und für meine Bitten und Fürbitten. Wenn Gott meine Bitten erhört oder Segen schenkt, dann setze ich neben diese Anliegen auf die Gebetsliste ein „PTL" (Praise the Lord – Lobe den Herrn). Solche „gepflegten" Gebetslisten ermutigen mich, mit Gott im Gespräch zu bleiben, weil ich wahrnehme, was er alles getan hat und tut. Und wenn ich mal das Gefühl habe, dass Gott gerade nichts tut, kann ich mir all die kleinen und großen Wunder Gottes auf meiner Gebetsliste wieder anschauen und mich darüber freuen, dass er am Wirken ist, auch im Verborgenen. Das macht mir Mut, weiterhin damit zu rechnen, dass Gott ganz Ohr für mich und immer tätig ist (Johannes 5,17).

Gebet ist die wichtigste Aktivität unseres Lebens, denn damit gestalten wir unsere Beziehung zu Gott. Wir können Gespräche mit Gott allein an einem Ort unserer Wahl führen oder mit anderen zusammen. Egal wo, Gott nimmt uns wahr. Auch wenn es uns keine Anerkennung von anderen Menschen bringt, wenn wir uns zurückziehen, um zu beten, sieht Gott, was wir im Verborgenen tun. Er belohnt uns, wenn wir ihn von Herzen suchen. Auch wenn wir Gott beim Beten nicht von Angesicht zu Angesicht sehen können, sollen wir wissen, dass er uns ganz nahe ist (Psalm 145,18). Mir persönlich ist es eine Hilfe, mir vorzustellen, dass Gott in einem Nebenzimmer verweilt, während ich mit ihm rede. Obwohl ich ihn nicht sehen kann, weiß ich, dass er mich hört. Etwas anderes, was mir im Gespräch mit Gott hilft und mich ihm viel näherbringt, ist, wenn ich Pronomen der 2. Person („du" / „ihr" und ihre Varianten) in der Bibel mit meinem Namen ersetze, wie z. B. bei den

Zehn Geboten: „Doris, du sollst….", oder bei Gottes Verheißungen: „Was der Herr in seinem Wort bezeugt, darauf kann Doris sich verlassen, auch einem Unerfahrenen wird dadurch Weisheit geschenkt …" (Psalm 19,8-9). So wird Gottes Reden zu mir persönlicher und alltagstauglicher, und folglich fühle ich mich frei mit Gott zu reden, wie mir die Worte kommen.

Wenn das Beten für uns höchste Priorität hat, heißt das nicht, dass wir rund um die Uhr dieselben Gedanken wie eine magische Formel wiederholen sollen, um etwas zu erreichen. Es ist zwar nicht falsch, immer wieder mit denselben Anliegen zu Gott zu kommen, aber beim Beten geht es vor allem um ein persönliches Gespräch mit dem lebendigen Gott, nicht um ein Ritual. Ich glaube nicht, dass ich erfreut wäre, wenn mein Mann mir täglich dieselben Worte der Liebe runterleiern würde, mit dem Ziel, so seine Pflicht für den Tag zu erfüllen. Wichtig ist, dass wir beim Beten meinen, was wir sagen. Dann ist es auch egal, wie viele Worte wir machen. Für Gott ist es wichtig, wie es in unserem Herzen aussieht, wenn wir beten: Ob wir mit ihm reden, weil wir ihn lieben, ehren und ihn brauchen oder weil wir bestimmte Menschen mit unseren Gebeten beeindrucken wollen. „Das inständige Gebet eines Menschen, der so lebt, wie Gott es verlangt, kann viel bewirken" (Jakobus 15,16). So lebt sich's gut.

Tipp

Seien Sie ganz zuversichtlich,
dass Gott Sie hört, wenn Sie ihn um etwas
bitten, das seinem Willen entspricht (1. Johannes 5,14).
Er möchte, dass Sie ihm in aller Vertrautheit nahekommen
und wissen, dass Ihre Worte bei ihm ankommen.
Er will Ihnen geben, was Sie brauchen
und Sie zum Staunen bringen.

Montag

Gebet

1. Timotheus 2,1

Apostelgeschichte 12,5

Matthäus 18,19-20

Das Erste und Wichtigste, wozu Christen aufgerufen sind, ist das Gebet, und zwar nicht nur für sich selbst, sondern für alle Menschen. Darauf liegt ein ungeahnter Segen.

21. Woche

Dienstag

Gebet

- ***Philipper 4,6-7***
- ***Matthäus 11,28***
- ***Psalm 50,15***
- ***Psalm 86,6-7***

Im Gebet können wir inmitten der Herausforderungen unseres Alltags Ruhe und Erleichterung finden.

21. Woche

Mittwoch

Gebet

Psalm 16,11

Jesaja 40,31

Psalm 73,25

Beten lohnt sich. Im Gebet können wir die wohltuende Gegenwart, Hilfe und Kraft Gottes erleben.

21. Woche

Donnerstag

Im Gebet finden wir Führung.

Gebet

Sprüche 3,5-6

Psalm 37,5

21. Woche *Gebet*

Freitag

Matthäus 7,7-11

Daniel 2,17-23

Apostelgeschichte 9,11-12

Gebet verändert zum einen uns, aber auch den Verlauf der Dinge entsprechend dem guten Willen Gottes.

21. Woche

Samstag

Gebet

- *Jesaja 59,1-2*
- *1. Johannes 1,9*
- *2. Chronik 6,14*
- *1. Johannes 3,21-22*
- *Sprüche 3,11*

Im Gebet finden wir Korrektur, Vergebung und Annahme.

22. Woche

Geduld

1. Korinther 13,4-5

Eine unterschätzte Tugend

Vor Jahren hatten wir Kaffeebecher mit dem bekannten Spruch: „Gott, gib mir Geduld, aber bitte sofort!" Obwohl wir dieses Motto täglich schon beim Frühstück vor Augen hatten, gehörte Geduld leider nicht zu den Tugenden, die wir uns am allermeisten erhofften oder für die wir regelmäßig beteten. In unserer Welt der sofortigen Wunschbefriedigung und des Stresses soll alles immer schneller gehen. Die Tendenz zur Beschleunigung ist Realität. Handy, Computer, Mahlzeiten, Arbeitsmethoden, Bestellungen, Veränderungen oder auch Genesung – alles soll schneller gehen. Auch das Gebet. Inzwischen gibt es sogar einen Gebetomaten (Gebetsautomaten), der für Bahnhöfe, U-Bahn-Stationen, Flughäfen, Autobahn-Rastplätze oder leerstehende Kirchen gedacht ist. Wer den Vorhang beiseiteschiebt, sieht ein Bildschirmmenü mit einem Angebot von 300 Gebeten in 65 Sprachen und kann auf dem Weg zur Arbeit noch schnell für eine spirituelle Pause sorgen. Für jeden ist auf Knopfdruck etwas Passendes dabei.

Da fragt man sich bei all der Schnelllebigkeit: Wo bleibt die Geduld? Schon am frühen Morgen in den eigenen vier Wänden – die Geduld mit der Kaffeemaschine, mit den Aufbackbrötchen, im Umgang mit dem Partner und mit den Kindern? Und bei der Arbeit: Wo bleibt die Geduld, die man braucht, um über Fehler von Kollegen hinwegzusehen und ihnen Zeit zu geben, sich zu ändern. Wo wenden wir uns ihnen zu und tun selbst, was gut und nötig ist, anstatt uns aufzuregen? Ungeduld und Reizbarkeit treten oft im Doppelpack auf. Solch eine Ungeduld reagiert oft auf unbeabsichtigte Worte oder ungewollte Taten unserer Mitmenschen. Zum Beispiel, wenn jemand nicht gleich auf Anhieb verstehen kann, was wir gesagt haben. Oder wenn jemand mehr Zeit im Bad braucht als wir selbst. Oder wenn jemand öfters zu spät kommt, weil er nicht so strukturiert ist wie wir selbst. Weil jede und jeder von uns eng mit anderen Menschen zusammenlebt und -arbeitet, stehen wir oftmals auf Kriegsfuß mit der Ungeduld und versuchen, diese mehr oder weniger selbst zu bekämpfen.

Dabei liegt das eigentliche Problem nicht darin, dass jemand schwerhörig oder unstrukturiert ist, sondern die Ursache für Ungeduld liegt in unseren Herzen, in der Einstellung, dass andere sich unseren Erwartungen anpassen müssten. Sie selbst kennen bestimmt sich wiederholende Situationen in Ihrem Leben, wo Sie versucht waren oder sind, ungeduldig zu sein. Vielleicht bei der Kindererziehung? Oder im Blick auf schlechte Gewohnheiten Ihrer Verwandten? Beim Autofahren? In der Warteschlange oder bei verspäteten Zügen? Fragen Sie Menschen, die Sie gut kennen. Sie werden Ihnen bestimmt ehrlich sagen können, wo Sie zur Ungeduld neigen. Was immer es ist, wir müssen es als mangelnde Liebe erkennen und bekennen. Der erste Ausdruck von wahrer Liebe, der im Hohelied der Liebe genannt wird, ist die Geduld. Geduld gehört auch zu den neun Früchten des Geistes (Galater 5,22-23). Es ist eindeutig, dass Geduld eine der nützlichsten Tugenden ist, die in jedem von uns kultiviert werden sollen, damit unsere Beziehungen besser gelingen. Deswegen nehmen Sie demnächst ein Ärgernis, eine Unterbrechung oder eine Unannehmlichkeit so an wie die Auster ein Sandkorn: Verwandeln Sie es zu einer Perle. So lebt sich's gut.

Tipp

Wenn Sie Gott
um mehr Geduld bitten,
rechnen Sie damit, dass Ihre Probleme
zunächst mehr und nicht weniger werden.
Sie werden mit der Zeit feststellen,
dass Gott dabei ist, Ihre Gebete zu erhören
und dass Sie geduldiger geworden sind.

22. Woche **Geduld**

Montag

Sprüche 19,11

1. Petrus 4,8

Wenn die Liebe eine Menge an Sünden (der anderen) bedeckt, wie viel mehr sollte sie eine Menge an unbeabsichtigten Worten und ungewollten Taten bedecken, die uns an anderen irritieren.

Dienstag

Jakobus 1,2-4

1. Petrus 2,20b-23

Weil Gott uns im Glauben voranbringen will, benutzt er auch manchmal Menschen, die unsere Geduld auf die Probe stellen, damit wir geduldiger, langmütiger, sanftmütiger werden.

Mittwoch

Epheser 4,1-3

2. Petrus 3,15

Die Wurzel von Ungeduld ist Selbstsucht, die beerdigt werden muss. Auch wenn sie für uns akzeptabel ist – für Gott ist sie das nicht.

22. Woche

Geduld

Donnerstag

Lukas 10,40

4. Mose 20,1-13

Römer 5,3-4

Unser Vertrauen auf Gott zeigt sich im geduldigen Warten.

Freitag

Psalm 37,7-8

Sprüche 14,29

Sprüche 13,12

Für Gott sind Geduld und Reife ein Doppelpack. Es ist ein Zeichen von Reife und Gottvertrauen, wenn wir warten und uns damit abfinden können, nicht immer alles sofort zu bekommen.

22. Woche

Geduld

Samstag

Kolosser 1,9-14

Johannes 12,26

Geduld ist nicht allein eine Frage der Willenskraft. Sie ist ein Wesenszug Jesu und eine Frucht des Geistes. Sie beginnt dort zu wachsen, wo wir Dinge aus Gottes Perspektive wahrnehmen.

23. Woche

Gefühle

Sprüche 4,23

Die eigenen Gefühle wahrnehmen und lenken

Gefühle gehören zu unserem Leben wie die Luft, die wir zum Atmen brauchen. Sie sind Teil unseres Seins, haben aber auch eine unheimliche Macht. Gefühle können uns motivieren oder bremsen, sie können uns himmelhochjauchzend oder zu Tode betrübt stimmen. Angstgefühle können zum Beispiel alles viel schlimmer aussehen lassen, als es wirklich ist. Unsicherheit kann bei uns ein Gefühl der Hilflosigkeit auslösen, und unsere unrealistischen Einschätzungen oder falschen Annahmen können die Realität völlig verzerren. Gefühle haben die Macht, alles in uns durcheinanderzubringen. Verliebtsein hat schon viele Menschen inspiriert und verändert. Eifersuchtsgefühle haben Menschen zu Mördern werden lassen. Wut und Aggressionen haben Menschen zerstörerisch, und das Gefühl von Sinnlosigkeit hat schon Menschen lebensmüde gemacht. Gefühle haben Macht, und wenn wir sie nicht im Griff haben, kann viel Ungutes passieren.

Mal ehrlich, was passiert mit Ihnen, wenn Sie respektlos oder abweisend behandelt oder beleidigt werden? Was oder wer löst bei Ihnen Zuneigung, Dankbarkeit, Empörung, Selbstmitleid, Begeisterung, Ungeduld, Resignation oder Gelassenheit aus? Und warum? All diese Gefühle und die darauffolgenden Reaktionen sind bei uns Menschen sehr verschieden. Zum Beispiel ist das, was mir Angst macht und wie ich darauf reagiere, vielleicht etwas ganz anderes als das, was Ihnen Angst macht und wie Sie darauf reagieren. Manche von uns lassen sich eher von der Logik leiten, andere eher von ihrer Intuition. Manche von uns reagieren spontan, andere zeigen kaum oder gar keine Gefühle. Alle Bereiche unseres Lebens werden von Gefühlen begleitet, ob wir essen, arbeiten, lieben oder beten. Gefühle von Sympathie oder Antipathie, Freude oder Traurigkeit, positive oder negative Gefühle. Und wie wir persönlich „fühlen" in Bezug auf Informationen und Erlebtes hat mit unserer Vergangenheit und unseren persönlichen Überzeugungen zu tun. Wie wir uns selbst und andere wahrnehmen, welche Ziele wir haben und wie wir diese verfolgen – alle diese Haltungen verraten unsere Prägung, Werte und Überzeugungen.

Unsere Gefühle können sich nicht selbstständig in unserem Leben entwickeln. Sie sind mit unserem Denken verknüpft. Das heißt, wenn unser Denken und unsere Ziele unrealistisch sind, dann sind auch unsere Gefühle falsch. Und wenn unsere Gefühle falsch sind, dann werden auch unsere Reaktionen falsch sein. Alles beginnt in unserem Kopf. Solange wir unser falsches Denken nicht korrigieren, bleiben wir auch gefangen in falschen Gefühlen (Römer 12,1). Wir bleiben wütend, lieblos, frustriert, egoistisch, traurig, selbstgerecht, sorgenvoll oder hoffnungslos. Genau das will keiner. Keiner von uns will sich selbst im Weg stehen. Und die gute Nachricht ist: Wir müssen nicht bleiben wie wir sind. Gott kann zu jeder Zeit in unsere Gefühlswelt eingreifen und er tut es auch. Dieses Wissen um seine Gegenwart, seinen Beistand und seine Hilfe ist ein wunderbares Gefühl. Es ist tröstlich, zu wissen, dass sich auch alle traurigen Gefühle in Freude verwandeln können (Johannes 16,20-24). Alle unsere Gefühle werden dann erst richtig gut, wenn sie von Gottes Denkweise „verzaubert" werden. So lebt sich's gut!

Tipp Gibt es bestimmte Situationen, in denen Sie sich über Ihre Gefühle hinwegsetzen und diese unterdrücken, statt sie sich einzugestehen und nach Lösungen zu suchen, wie Sie Gottes Willen entsprechend mit ihnen umgehen können?
Wer Verantwortung für seine Gefühle übernimmt,
statt sie zu ignorieren,
erlebt Veränderungen in seiner Gefühlswelt.

Montag

Gefühlswelt Feindseligkeit

Sprüche 10,12

Matthäus 5,43-48

Lukas 6,35-37

Menschen, die Gott lieben, möchten Gedanken der Feindseligkeit in ihrem Leben keinen Freiraum geben, sondern sie durch Liebe ausmerzen. An der Liebe sollen die Nachfolger Jesu erkannt werden – das beinhaltet auch die Liebe zu ihren Feinden.

23. Woche *Gefühle*

Dienstag

Gefühlswelt Lebensfreude

Psalm 118,24

Psalm 30,12-13

Psalm 33,20-22

Johannes 15,9-11

Römer 14,17

Philipper 4,4-7

Eine Möglichkeit, uns im Innersten (wieder) lebendig fühlen zu können, ist, uns bereits zu freuen, während wir etwas tun, und nicht erst dann, wenn die Arbeit getan ist. So können wir Menschen und Dingen bewusst mehr Aufmerksamkeit schenken.

Mittwoch

Gefühlswelt Schmerz und Bedrängnis

- Sprüche 19,11
- Matthäus 6,14-15
- Psalm 31,8-9
- Psalm 18,20
- Psalm 55,23
- 1. Petrus 4,12-14

Wer sich entscheidet, Schmerzen nicht zu verdrängen und die verletzende Handlung einer Person nicht länger anzurechnen, sondern stattdessen loszulassen und zu vergeben, kann Beziehungen positiv gestalten und erlebt Gottes Segen.

Donnerstag

Gefühlswelt Wut und Zorn

- ***Jakobus 1,19-22***
- ***Prediger 7,9***
- ***Sprüche 15,1***
- ***Sprüche 16,32***
- ***Sprüche 22,24-25***
- ***Römer 12,19-21***
- ***Kolosser 3,8-10***

Wut ist eine angemessene Reaktion auf unangemessenes Verhalten. Wut ist gut. Negativ wirkt sie nur dann, wenn sie sich in unkontrollierten Wutausbrüchen entlädt. Lösungsorientierte Menschen sprechen an, was stört, kommunizieren ehrlich und suchen neue Perspektiven.

23. Woche

Freitag

Gefühlswelt Angst

Gefühle

- *Psalm 23,4-5*
- *Psalm 27,1-3*
- *Jesaja 41,10-13*
- *Johannes 14,27*
- *2. Timotheus 1,6-7*
- *Epheser 3,12-13*

Wer sich an bedrohliche Situationen erinnert, die er erfolgreich bewältigt hat, und sich Gottes Verheißungen ins Gedächtnis ruft, wird zwar Ängste wahrnehmen, sich jedoch nicht von ihnen beherrschen lassen.

23. Woche

Gefühle

Samstag

Gefühlswelt Schuld

- *Psalm 69,6*
- *Psalm 103,10-14*
- *Psalm 32,1-7*
- *Hesekiel 18,21-23*
- *Römer 3,23-24*
- *Hebräer 10,19+21-24*
- *1. Johannes 3,19-22*

Ein Großteil unserer Schuld umfasst nicht nur ein Gefühl, sondern macht uns den Schaden bewusst, den wir jemandem zugefügt haben. Die Bibel versichert uns, dass Gott uns vergeben, uns von aller Schuld reinigen und uns neue Lebensfreude geben möchte, wenn wir uns ihm demütig nahen.

24. Woche

Geld

Markus 12,41-44

... und was es mit uns macht!

Es war an einem Sonntagmorgen während des Gottesdienstes, als der Kollekten-Teller wie gewohnt durch die Reihen ging – zu jener Zeit waren es tatsächlich noch Teller, die an Suppenteller erinnerten. Jeder in der Nähe konnte sehen, was man hineinlegte. Ich als damals Fünfjährige schaute meinen Vater vorwurfsvoll an, weil er meiner Meinung nach viel zu wenig Geld in den Teller getan hatte und flüsterte ihm zu: „Papa, so wenig?!" Seine Reaktion werde ich nie vergessen! Er wurde plötzlich blass wie die Wand als hätte ich ihn gerade beim schlimmsten Diebstahl erwischt. Sofort nahm er sein Portemonnaie wieder zur Hand, drehte es auf den Kopf und ließ alles Kleingeld und alle Scheine in den Teller purzeln! Wir haben nie wieder darüber geredet, denn „über Geld spricht man ja nicht!" Dabei war mein Vater eigentlich als großherziger Mensch bekannt. Wer Hilfe brauchte, dem hat er geholfen. Oft haben wir erst Jahre später von seiner Großzügigkeit anderen gegenüber erfahren, manches erst bei seiner Beerdigung (Matthäus 6,1-4). Es gibt so viele Menschen, Gemeinden, gemeinnützige Vereine, christliche Organisationen und Missions- und Hilfswerke, die Hilfe brauchen. Da taucht unweigerlich die Frage auf: Wen sollen wir unterstützen?

Jesus hat sich für das Thema „Spenden" nicht nur interessiert, sondern sich dazu auch geoutet. Er setzte sich eines Tages im Tempel in die Nähe der Opferkästen und beobachtete, wie die Frommen ihr Geld dort einwarfen. Viele wohlhabende Leute gaben großzügig. Dann kam eine arme Witwe und legte etwas Kleingeld hinein. Da rief Jesus seine Jünger zu sich und machte ihnen klar, dass diese arme Witwe mehr gegeben hatte als die Reichen. Während sie alles gegeben hatte, was sie zum Überleben brauchte, hatten die Reichen nur von ihrem Überfluss abgegeben. Die Witwe erfüllte das größte Gebot, nämlich Gott „von ganzem Herzen, mit ganzem Verstand und mit aller Kraft" zu lieben (Markus 12,33). Offenbar rechnet Jesus ganz anders als wir Menschen! Ja, er sieht unser Herz. Er sieht alles Berechnende.

Große Geldbeträge können ihn nicht beeindrucken. Jene Frau hat mit ihrem Kleingeld mehr gegeben als alle anderen. Sie hat begriffen, dass Gott für sie sorgt. Sie hat ihm ihr ganzes Geld, ja alles, was sie besaß, anvertraut.

Alles gehört sowieso Gott. Der „Zehnte" ist nur eine kleine Orientierungshilfe. Was wir geben, ist ein Ausdruck unserer Zufriedenheit mit dem, was Gott uns zugeteilt hat oder auch nicht. Wir haben auf alle Fälle genug und können abgeben. Aber der „Zehnte" ist zu wenig. Wir sind Gottes Mitarbeiter hier auf Erden und wollen doch alles, was er uns anvertraut hat, nach den Werten und Maßstäben seines Reiches verwalten. Je mehr Geld wir haben, desto größer ist unsere Verantwortung. Das heißt nicht, dass wir alle guten Initiativen unterstützen müssten, auch nicht, dass wir in Gemeinde und Gesellschaft primär den Reichen und Einflussreichen unsere Aufmerksamkeit und Anerkennung schenken sollten. Nein, die sollten vielmehr denen gelten, die sich für Gott und seine Ziele aufopfern. Dabei ist die Höhe der Spende nicht entscheidend. Es sollte unsere gute Gewohnheit sein, etwas von unserem Geld weiterzugeben. Fragen wir Gott, wie wir mit unserem Geld umgehen sollen und vertrauen wir uns ganz seiner Fürsorge an. So lebt sich's gut!

Tipp

Anerkennung von Gott
und von Menschen
bekommen wir, wenn wir
im Grunde unwichtige Dinge,
wie das Geld, mit Klugheit einsetzen,
um Wichtigeres zu erreichen (Lukas 16,1-9).
Was könnte heute das Wichtige für Sie sein?

Montag

Apostelgeschichte 4,32-37

Lukas 12,13-21

Geiz ist nicht geil! Besitz verpflichtet. Bei der Idee des Teilens und der wechselseitigen Fürsorge gibt es kein „Mein und Dein“, sondern nur ein gemeinschaftliches „Unser“.

Dienstag

Matthäus 25,14-30

Jeder von uns hat etwas von Gott bekommen, sei es Geld, Gaben oder Talente, die wir treu und mutig einsetzen sollen, damit sie sich vermehren, statt brachzuliegen. Verzagtes Stillhalten bringt nichts.

24. Woche *Geld*

Mittwoch

1. Könige 3,2-15

Sprüche 3,13-18

Wenn Sie einen Wunsch frei hätten, wofür würden Sie gerne bekannt sein? Was wollen Sie mit Ihrem Leben erreichen und wem dienen?

Donnerstag

1. Mose 13,1-12

Laut Bibel muss Geld nicht die „alles bestimmende Wirklichkeit“ in unserem Leben sein, auch dann nicht, wenn es um Gewinnausschüttung oder eine Erbteilung geht.

24. Woche

Geld

Freitag

Lukas 15,11-32

Matthäus 26,1-30 + 36-57 + 59-68

Matthäus 27,1-10

Geld macht letztendlich nicht glücklich. Der Versuch, durch Geld seines eigenen Glückes Schmied zu sein, kann gewaltig schiefgehen, wenn man mit dem Geld verantwortungslos und verschwenderisch umgeht. Wie gut, dass Gott auch dann unser Leben auf „Reset" stellen kann, wenn wir unser Versagen einsehen.

Samstag

Lukas 16,19-31

Zu großer Reichtum kann den Blick für die wichtigen Ziele des Lebens gründlich verbauen und uns zum Verhängnis werden. Wir müssen uns rechtzeitig Gedanken darüber machen, wohin unser Leben führen soll.

Gemeinschaft

Apostelgeschichte 2,42-47

Zusammen sind wir stark

Man weiß erst, was man hatte, wenn man es verloren hat. Diese Redensart hat in der Zeit des Coronavirus weltweit neu an Bedeutung gewonnen, als viele Menschen in Quarantäne lebten, quasi Hausarrest hatten, sich mit einer Ausgangssperre arrangieren mussten oder – noch schlimmer – über Wochen allein in einem Krankenhauszimmer verweilten oder sich von einem geliebten Menschen trennen mussten, ohne Abschied nehmen zu können. Da spürten viele die Nachteile eines Alltags ohne tiefe Gemeinschaft. Ein Leben, ohne unseren Allerliebsten nahe sein zu können, ohne die Gemeinschaft mit der Großfamilie, im Hauskreis, in der Gemeinde, bei der Arbeit oder in Vereinen – all das hinterlässt bei uns große Lücken im Leben. Die sogenannte „Kipptheorie" hat sich einmal wieder bestätigt: „Was den Menschen heute fehlt, wird ihnen morgen wichtig!" Das heißt: genau das, was länger im Abseits lag, was verkannt, unterschätzt oder in Vergessenheit geraten war, bekommt irgendwann wieder unsere Aufmerksamkeit und Zuwendung: Der Austausch mit dem Nachbarn, das Familienfest, der Gottesdienst, der Hauskreis, das Gebetstreffen, die vielen christlichen Veranstaltungen, Konzerte, Kongresse, Seminare, Freizeiten und Reisen. Jedes Treffen, wenn auch nur zu dritt, wird zum Luxus (Matthäus 18,20).

Eine echte, tiefe und vertraute Gemeinschaft mit anderen Christen bereichert unser Leben mehr als wir denken. Obwohl jede Zweierschaft, Kleingruppe oder Gemeinde einmalig ist und ihre ganz ureigene Geschichte, Prägung und Zukunft hat, verbindet doch alle Beziehungen, die in solchen Gemeinschaften gepflegt werden, ein wesentlicher Aspekt: Sie erfüllen wichtige Grundbedürfnisse, die nur durch tiefe Beziehungen bei uns Menschen abgedeckt werden können. Hier finden wir Gesprächspartner, die sich nicht nur für sich selbst, sondern auch für uns und andere interessieren, die nicht ständig über sich reden, sondern auch andere im Blick haben (Philipper 2,4). Hier finden wir Personen, die uns annehmen mit all unseren

Stärken und Schwächen (oder es auf jeden Fall versuchen). Weil sie sich von Gott angenommen wissen, können sie mit sich selbst versöhnt leben und andere stehenlassen (Römer 15,7; Römer 14,1-5). In einer christlichen Gemeinschaft finden wir Menschen, die uns mit ihren Worten und Taten aufbauen (Sprüche 27,9), die in guten und schlechten Zeiten verbindlich und verlässlich sind (Sprüche 3,3-4), die uns mit ihren Gaben und Fähigkeiten helfen, ohne eine Gegenleistung dafür zu fordern. Sie geben gerne, nicht weil sie es tun müssten, sondern weil sie andere lieben (1. Petrus 4,10). Hier finden wir Menschen, die Probleme offen ansprechen, ohne andere dabei in ihrer Würde zu verletzen, und sie denken auch über Kritik an ihrer eigenen Person nach (Sprüche 27,6). Hier finden wir Menschen, die uns positiv beeinflussen, damit unser Leben aus Gottes Perspektive gelingt (1. Korinther 15,33). Eine Gemeinschaft, in der Jesus die Mitte ist, bereichert nicht nur die Beteiligten selbst, sondern wird auch für andere zum Segen. Mit Gott als Drittem im Bunde können wir selbst so leben, dass es der Gemeinschaft dient und sie ihr größtmögliches Potenzial entfalten kann. So lebt sich's gut.

Tipp

Wenn Sie sich auf die Suche
nach Gemeinschaft machen,
fragen Sie sich unbedingt:
Welchen Standpunkt vertreten diese Menschen,
Gruppen und Gemeinschaften?
Nach welchen Werten richten sie ihr Leben aus?
Viele Menschen erfahren den gemeinsamen
Glauben an Jesus als ein einzigartiges Fundament
für ihre Beziehungen.

Montag

Galater 6,2

Römer 1,9b-12

Gott hat uns so geschaffen, dass wir in einer Gemeinschaft, in der sich alle gegenseitig unterstützen, am besten aufgehoben sind, am besten gedeihen und geistlich wachsen, damit wir fähig werden, die Herausforderungen unseres Lebens zu meistern.

Dienstag

Jakobus 5,16

Wenn wir so tun, als wäre bei uns alles in Ordnung, dann werden wir uns unglücklich und innerlich leer fühlen. Wenn wir uns aber anderen öffnen und dabei auch unsere Schwächen, unser Versagen und unsere Probleme beim Namen nennen, finden wir Trost, Hilfe, Rat, Unterstützung und Heilung.

Mittwoch

1. Johannes 5,1

1. Johannes 4,12

Die Menschwerdung Jesu verlangt nach einem sichtbaren Ausdruck der unsichtbaren Einheit seiner Nachfolger. In den wesentlichen Fragen Einheit. In den nicht wesentlichen Fragen Freiheit. Und Liebe in beidem!

Donnerstag

1. Korinther 12,1-27

Christen, in ihrer ganzen Vielfalt, stellen Jesus in der Welt dar. Wenn wir unsere Aufgaben nicht wahrnehmen, wird der gesamte Leib Christi in Mitleidenschaft gezogen. Jeder Beitrag ist eine Bereicherung innerhalb der Gesamtheit der Gemeinde und auch in der Welt.

Freitag

Kolosser 3,12-13

1. Korinther 12,26

Die christliche Gemeinschaft ist unser Trainingsplatz, ein Ort, wo wir das üben, was wir auch in die Welt hineintragen wollen und sollen: Herzlichkeit, Barmherzigkeit, Freundlichkeit, Bescheidenheit, Geduld und Vergebung, die wir einander gewähren.

Samstag

Matthäus 22,37-39

Johannes 13,34

Am Ende unseres Lebens wird Gott uns nicht danach fragen, was wir im Leben geleistet haben; auch nicht nach dem, was wir uns leisten konnten. Er wird uns nach der wahren Liebe fragen, nach der wir uns alle sehnen, die wir brauchen, und die wir an andere weitergeben sollen.

26. Woche

Gnade

Johannes 1,16

Psalm 89,13

Ein unverdientes Geschenk

Ein Bekannter von uns ist anscheinend sehr fotogen. Auf jeden Fall erhält er mehr Fotos, als ihm lieb ist. Auf denen ist er dann am Lenkrad seines Wagens sitzend abgebildet. Schlechte Qualität, aber teuer. Folglich musste er innerhalb eines Jahres seinen Führerschein zweimal abgeben. Beim zweiten. Mal legte er ohne Zögern Widerspruch ein, denn diese Strafe wurde nur deshalb verhängt, weil er im gleichen Jahr schon einmal viel zu schnell unterwegs gewesen war. Seine Argumentation vor dem Richter erschien logisch: Er hätte ja schon für das erste Vergehen die fällige Strafe bezahlt, deshalb dürfte diese nun nicht noch einmal mit einbezogen und zu seinem neuen Verkehrsdelikt hinzuaddiert werden. Der Richter wusste, dass unser Bekannter im kirchlichen Dienst tätig ist und entgegnete: „Als Christ verstehe ich Ihr biblisches Verständnis von Gnade, dieses Verständnis ist jedoch nicht Teil unserer staatlichen Rechtsprechung."

Gottes Konzept von Gnade ist ganz anders – fast zu schön, um wahr zu sein. Die Gnade, die er uns erweist, ist ein vollkommener Freispruch ohne versteckte Auflagen. Sie wird gewährt ohne Rücksicht auf unser Vermögen oder Unvermögen, seinem Standard zu entsprechen. Sein wohlwollendes Angebot heißt: „Ich werde meine Gesetze in ihre Herzen legen und werde sie in ihr Innerstes schreiben. Ich werde nie mehr an ihre Sünden und an ihren Ungehorsam gegenüber meinen Geboten denken" (Hebräer 10,16-17). So ist die freundliche, gütige, entgegenkommende und großzügige Gnade Gottes. Sie ist sein unverdientes Geschenk an uns Menschen. Wie gut, dass Gott so anders ist als wir Menschen. Wie gut, dass Gottes Gnade so anders ist! Sie vergibt und spricht uns frei. Sie ist gnädig, statt gnadenlosen Regeln zu folgen. Um Gottes Gerechtigkeit zu genügen, übernimmt er selbst die Kosten, die wir nie bezahlen könnten. Dafür gab Jesus sein Leben am Kreuz von Golgatha. So kamen und kommen auch heute Gerechtigkeit und Gnade zu ihrem Recht.

So steht es in der Bibel, und dazu steht Gott – auch in unserem Fall. Er hält seine Vergebung schon für uns bereit, ehe wir an ihm schuldig werden, ehe wir selbst überhaupt wissen und erkennen, dass wir an ihm schuldig geworden sind. Er will genau das zu Ende bringen, was er mit uns angefangen hat. Er knüpft dort an, wo wir stehengeblieben sind. Er will uns weiter auf die Positionen in seinem Reich vorbereiten, zu denen er uns berufen hat. Er will uns wieder in unsere Würde und unsere Aufgaben einsetzen (Johannes 21,15-17). Er bietet uns immer wieder seine Gunst, seine Freundlichkeit und Gemeinschaft mit ihm an. Gottes Gnade ordnet unsere Vergangenheit und befreit uns zu einem echten Neuanfang. Sie schenkt uns Mut und Kraft, um unser Leben, unseren Alltag und unsere Beziehungen neu zu gestalten. Wie ein Navigationsgerät uns den Weg zeigt und uns auch für die Geschwindigkeitsbegrenzungen auf der Strecke sensibilisiert, so führt Gott uns, wenn wir ihm glauben, sein Wort lesen und unser Denken, Fühlen und Handeln darauf aufbauen. Es gibt immer mehr Gnade bei Gott als Sünde bei uns Menschen. Wenn wir dieser großzügigen Gnade Gottes vertrauen und sie für uns persönlich in Anspruch nehmen, dann brauchen wir die Wahrheit über uns nicht zu fürchten. Wir können uns ihr stellen und Heilung erfahren. So lebt sich's gut.

Tipp

Wenn wir Gottes Gnade vertrauen,
werden wir auch befreit von dem falschen Denken,
dass wir erst durch unsere guten Werke oder durch unsere
Frömmigkeit Gottes Anerkennung erwerben müssten.
Gott hat schon alles getan. Wir brauchen ihm nicht nachzuhelfen.
Das ist die Botschaft der Gnade Gottes,
der wir trauen und vertrauen sollen.

26. Woche *Gnade*

Montag

Micha 7,18-20

Gott stellt auf dem Meer des Lebens ein Schild auf, das für unsere vergebenen Sünden und auch für die Sünden aller anderen gilt: „Fischen verboten!"

26. Woche *Gnade*

Dienstag

Markus 14,66-72

Johannes 21,15-19

Auch dann, wenn wir an Jesus schuldig werden, bleibt er uns treu. Er will, dass unser gemeinsamer Weg mit ihm weitergeht. Er will und wird uns vergeben.

Mittwoch

Römer 6,12-23

Wenn wir glauben und annehmen, was Gott uns schenkt, dann weckt sein Wirken in uns nicht nur Freiheit, sondern auch das Wissen um die Kostbarkeit dessen, was da geschieht. Gottes Gnade ist für uns immer kostenlos, wir erhalten sie unverdient. Gut, wenn wir das nie vergessen.

Donnerstag

2. Korinther 12,9

Die Gnade bringt uns zu dem Punkt in unserem Leben, wo wir Gottes Gegenwart, Kraft und Liebe bewusst und voller Dank wahrnehmen.

Freitag

Lukas 6,36-38

Jakobus 2,12-13

Wir sind nicht nur Nutznießer der Gnade Gottes, sondern sollen auch miteinander gnädig umgehen. Wir sind nicht Endverbraucher der Güte Gottes.

26. Woche ***Gnade***

Samstag

Lukas 10,29-37

Wer Gnade kennt und annimmt, der liebt und lebt die Barmherzigkeit.

27. Woche

Gott ist gut!

Psalm 25,6-8

Gott ist allezeit gut

„Gott ist gut! Er ist allezeit gut!" Solche Worte kommen oft spontan aus meinem Herzen. Sie gehen mir leicht über meine Lippen, wenn alles in meinem Leben tatsächlich gut ist.

Als mein Mann und ich in Ost-Schleswig-Holstein einen zweiwöchigen Urlaub verbrachten, waren Spaziergänge und Radtouren eine wunderschöne Abwechslung nach Lesen und Schreiben. Immerhin war es Frühling, die perfekte Jahreszeit dafür. Die ganze Natur war am Erwachen, bunt und voller Düfte. Unsere Radtouren führten uns an kleinen und großen Seen entlang, durch malerische Dörfer und traumhafte Alleen, und diese wiederum zu imposanten Herrenhäusern und Schlössern – und manchmal auch zu Kunst- oder Bauernhofcafés, wo es leckeren Kaffee und hausgemachten Kuchen gab. Als alles mal wieder so schön beim Radeln war, dachte ich: Uns geht es so gut. Bekannte haben uns großzügig ein Häuschen am See zur Verfügung gestellt, wo wir in Ruhe lesen und schreiben können. Wir haben endlich Zeit, Gottes Schöpfung zu genießen – und das zu zweit, ohne Vorträge oder andere Pflichten. Wir genießen den Sonnenschein, blauen Himmel und frischen Wind. Und haben Engel, die auf uns aufpassen. Während ich mit diesen guten Gedanken vor mich hin radelte, rief ich meinem Mann, der vor mir fuhr, und mich kaum verstehen konnte, laut zu: „Wilfried, uns geht es so gut! Unverdient gut. Gott ist so gut. So großzügig. Und seine Engel sind bei uns!" Keine fünf Minuten später lag ich mit meinem Fahrrad flach auf dem Boden. Nicht, weil Gott nicht allezeit gut wäre, sondern weil ich den Wendekreis meines geliehenen Fahrrads überschätzt hatte! Da lag ich nun mit Schmerzen. Beim Versuch aufzustehen, wurde mir ganz schwindelig.

Nachdem wir eine Schadensbestandsaufnahme gemacht und mich und die Fahrradkette gerichtet hatten, kamen mir auf dem Heimweg viele Gedanken: Hat Gott sich verändert? War er immer noch der gute Gott in dieser Situation? Wie kann ich wissen, dass Gott auch dann wohlwollend ist, wenn ich Pleiten und Pannen erlebe oder sogar wirklich schlimme Zeiten? Wo sind dann Gottes Gunst und seine Zuneigung? Messe ich Gottes Güte und Freundlichkeit mit dem falschen Maß? Gleicht mein himmlischer Vater einer Oma – wie ich es bin –, deren Aufgabe es ist, alle ihre Enkel gegen Fahrradstürze und alle anderen unangenehmen Umstände abzuschirmen? Habe ich es mir vielleicht angewöhnt, Gottes Wohlwollen mit idealen Lebenssituationen gleichzusetzen? Hat Gott mich nur dann lieb, wenn alles nach meinen Vorstellungen läuft? Und wenn es nicht nach meiner Nase läuft, bestraft mich Gott dann?

Mitten auf dem Heimweg stoppte ich plötzlich. Diesmal gewollt. Ich stieg vom Fahrrad und rief wieder laut in Richtung Wilfried: „Gott ist gut. Er ist allezeit gut!" Als Wilfried dann neben mir stand, sprudelte es aus meinem Herzen: „Gott ist gut. Seine Güte kann durch nichts zerstört werden – auch nicht durch einen Sturz." Gott ist gut. Das hatten wir auch erlebt, als Wilfrieds Mutter an einem Krebsleiden erkrankte und starb. Eine ihrer Aussagen in der zweijährigen Leidenszeit war: „Wir haben immer verkündigt, dass Gott gut ist und auch im Leid bei uns ist. Wir haben es nicht laut genug gesagt. Gottes Güte ist Teil seines Wesens, das sich niemals verändert. Danket dem Herrn, denn er ist freundlich, und seine Güte währet ewiglich!" Das glaube ich. So lebt sich's gut.

Tipp

Gottes Güte
bewahrt uns nicht immer
vor Leid und Unglück, aber er ist bei uns
und trägt uns durch die Höhen
und Tiefen des Lebens.

Montag

Psalm 23

Es gibt keinen Ort, wo Gottes Güte uns nicht erreichen und trösten könnte.

Dienstag

Hebräer 13,15-16

Gott lädt uns ein, Werkzeuge seiner Güte und Liebe zu sein.

Mittwoch

Psalm 25,8-10

Psalm 27,13

Die Güte des Herrn hat kein Ende. Die Größe dieser Güte können wir nur im Glauben erfassen, dann berührt sie unser Herz.

Donnerstag

Römer 8,32

Sprüche 16,7-9

Wenn es nicht so läuft, wie wir es gerne hätten, dann können wir in aller Bedrängnis sicher sein, dass Gott nicht nur bei uns ist, sondern dass seine Güte und Hilfe für uns immer bestens ist und sein wird.

Freitag

Psalm 32

Alles, was Gott tut, ist gut. Und er sorgt dafür, dass alles, was in unserem Leben geschieht, zum Guten führt. Es ist unser Glück, dass Gott uns sucht und uns nachgeht.

Samstag

Psalm 63

Gottes Güte übertrifft alles, was uns das Leben bieten kann.

28. Woche

Gottes Namen

2. Mose 3,14

Mehr als nur Worte

Vor einigen Jahren nahm ich mir vor, ganz gezielt Gottes Wesenszüge und seinen Charakter besser kennenzulernen. Aus dem einfachen Grund, weil er derjenige ist, der mich am stärksten prägen will und soll. Also habe ich mich monatelang in meiner Stillen Zeit auf die verschiedenen Namen und Titel Gottes konzentriert. Namen hatten zur Zeit des Alten Testaments eine viel größere Bedeutung als heute, denn sie verrieten oftmals etwas Wichtiges über das Wesen einer Person. Ich erhoffte mir durch dieses Forschen, dass Gott sich mir noch mehr offenbaren würde und ich einen besseren Zugang zu ihm fände.

Er stellt sich in seinem Wort vor als der Gott, der ermutigt, tröstet, führt und versorgt, der aber auch eifersüchtig und zornig sein kann. Als einer, der uns vieles verspricht, aber auch vieles von uns erwartet. Als Gott, der vieles aufdeckt und ans Licht bringt, aber auch vieles vergibt und zudeckt. Er liebt mich und möchte, dass ich ihn besser kennenlerne und im Glauben wachse. Was ich in diesen Monaten lernte und was mir persönlich weiterhalf, habe ich schriftlich festgehalten. Anhand dieser Notizen möchte ich Sie auf eine Erkundungsfahrt durch verschiedene Bibelstellen mitnehmen, die Ihre Freude an der Freundschaft mit ihm und Ihr Vertrauen zu ihm stärken werden.

Denn Gott ist „*Elohim*", ein mächtiger Schöpfer, voller schöpferischer Kraft, der stets Neues in und durch unser Leben bewirken kann. Durch Gott können wir uns kontinuierlich verändern, entwickeln, unser äußerstes Potenzial und seine Ziele erreichen (Jesaja 40,29; Psalm 19,20). Gott ist „*El Roi*", ein Gott, der uns sieht. Gott kennt uns, er weiß alles über uns, über unsere Vergangenheit, Gegenwart und Zukunft. Gott sieht alles, auch das Traurige, und er hilft uns (1. Mose 21; Psalm 33; Sprüche 15,3). Gott ist „*El Schaddaj*", der mächtige Gott, dem nichts unmöglich ist. Er ist stark und unveränderlich, kann uns überreich beschenken und möchte möglichst viel auch aus Ihrem Leben machen. Er ist die Quelle unseres Lebens, und keine Macht im

Himmel oder auf Erden kann seinen Plan für uns durchkreuzen (1. Mose 12; 2. Samuel 5,10; Psalm 84). Gott ist *„El Olam"*, der ewige Gott. Gott, seine Gebote und seine Verheißungen, sein Bund und sein Königreich, bleiben für immer. Es ist nicht so wichtig, lange zu leben, sondern zu wissen, dass Gott uns trägt und dass jeder Tag unser letzter sein kann (1. Mose 21,33; Jeremia 10,40; Jesaja 40,28-31; 1. Timotheus 1,15-17). Gott ist *„Jahwe-Jireh"*, ein Gott, der sehen, vorsehen und voraussehen kann. Er sieht, was nötig ist und sorgt dafür. Wir brauchen vor nichts zurückzuschrecken (1. Mose 22,1-19). Gott ist *„Adonaj"*, er ist unser Herr, unser Meister, ja, der Regisseur unseres Lebens. Ihm können wir nachfolgen und dienen mit allem, was unser Leben ausmacht, ohne Bedenken oder Ängste. Seine Herrschaft macht uns nicht klein oder arm, sondern er segnet uns auf überraschende Weise und bringt uns zum Staunen über all das Gute, das er in und durch uns tut (1. Mose 15,1; 2. Mose 4,10; Richter 6,10; 2. Samuel 7,18-20). Gott ist *„Jahwe Ropheh"*, ein Gott, der heilt. Er heilt Körper, Geist und Seele, Wasser, Land und Völker. Er repariert Gotteshäuser, heilt von Sünde und erlöst vom Tod (Psalm 103,1-5; Psalm 147,1-6; Jesaja 57,18-19; Matthäus 8,16-17).

Ich hoffe, ich habe bei Ihnen Lust auf mehr geweckt und wünsche Ihnen, dass auch Sie in dieser Woche die Liebe und Macht Gottes ganz neu erleben. So lebt sich's gut.

Tipp

Knöpfen Sie sich
einen Namen oder Titel Gottes
pro Tag vor und schreiben Sie auf,
was Ihnen die entsprechenden Bibelstellen
für Ihre aktuelle Lebenssituation offenbaren.

Montag

2. Mose 17,8-16

Gott ist unser Banner. So wie Gott Menschen aus der Sklaverei befreit hat, befreit er uns aus der Sklaverei der Sünde, wenn wir uns für ein Leben mit ihm entscheiden. Aber auch auf den Weg ins verheißene Land (Himmel), erwarten uns noch Kämpfe. Dann gilt es, wie Mose es tat, zum Stab (Banner) Gottes zu greifen und sich auf die unbegrenzte Macht und den Schutz Gottes zu berufen.

Dienstag

3. Mose 19,1-2

1. Petrus 1,14-16

Gott ist heilig. Wenn wir seine Gebote und Leitlinien einhalten und ihn in allem, was wir tun, widerspiegeln, dann werden wir Gott ähnlich, werden heilig, weise, gerecht, barmherzig und voller Liebe.

Mittwoch

Richter 6,11-24

Philipper 4,6-7

Klagelieder 3,19-26

Kolosser 3,15

Gott ist „Jahwe Schalom", Herr des Friedens. Er ist Frieden, und nur er kann uns innere Ruhe vermitteln, egal was läuft oder nicht. Voraussetzung dafür ist, dass wir Gott begegnen und gottgefällig leben – in seiner Nähe.

Donnerstag

- 1. Samuel 17,41-47
- Psalm 46
- Psalm 84,13
- Jesaja 14,24

Gott ist „Jahwe Zebaoth", Herr der Heerscharen, Herr der Welt. Er ist der Gott der ganzen Welt, aber auch der jedes Einzelnen. So wie wir sind und mit dem, was wir haben und können – oder auch nicht – können wir Gottes Absichten erreichen und ihn ehren.

Freitag

- *Psalm 144*
- *Psalm 125,1-2*
- *Matthäus 7,24-27*
- *1. Petrus 2,6*
- *Psalm 62,2-3*

Gott ist „Jahwe Zurih“, unser Fels, unser treuer Helfer. Wir können uns felsenfest darauf verlassen, dass er zu seinem Wort steht.

28. Woche

Gottes Namen

Samstag

Hesekiel 34,15-16

Jesaja 40,10-11

Johannes 10,11-16

Gott ist „Jahwe Roi" Er ist unser Hirte. Gott kümmert sich um unser Wohl. Er wacht über uns Tag und Nacht, damit wir uns nicht in nichtigen Dingen verlieren, keine falschen Entscheidungen treffen oder aus Angst handeln, sondern voller Kraft im Leben auf seinen Wegen bleiben.

29. Woche

Großzügigkeit

2. Korinther 8,9

Die Kunst der Freude des Schenkens

Als ich vor einiger Zeit von Kapstadt über Dubai nach Frankfurt flog, war der Flieger überbucht. Dementsprechend lang waren die Warteschlangen vor dem Abfertigungsschalter. Bis ich endlich an der Reihe war, waren die besten Sitzplätze bereits vergeben. Also musste ich mich mit dem „allerletzten" Platz mitten in einer 4er-Reihe, direkt vor den Toiletten, zufriedengeben. Als ich endlich im Flieger war und meinen Platz entdeckt hatte, war dieser aber schon besetzt. Sofort sprang der Mann auf „meinem" Platz auf und fragte: „Gehört Ihnen dieser Platz?" – „Ja", sagte ich und zeigte ihm meine Bordkarte. Dann fuhr er fort: „Würden Sie so nett sein, mir Ihren Platz zu überlassen und gegen meinen einzutauschen? Meine Frau und ich, wir würden so gerne zusammensitzen, aber es gab keine zwei Plätze mehr nebeneinander?" „Und wo ist Ihr Platz?", wollte ich wissen. „Direkt am Fenster dort drüben!" Tja, da musste ich nicht lange überlegen! Das wäre doch ein Aufstieg und diente meinem Wohl. „Na gut", sagte ich und spielte den großen Gönner. Ich nahm meine Siebensachen und machte es mir auf meinem Fensterplatz gemütlich. Keine zwei Minuten später kam ein zweiter Mann auf mich zu und wollte auch, dass ich mit ihm Plätze tausche, worauf ich wieder fragte: „Und wo ist Ihr Platz?" „Weiter vorne, mitten in einer 5-er Reihe" antwortete er. Meine Reaktion: Er bekam eine Abfuhr. Ich habe nicht getauscht! Später, als der Flieger schon in der Luft war, traf mich eine erschreckende Selbsterkenntnis: Nur, solange ich nichts zu verlieren habe, bin ich bereit, großzügig zu sein.

Friedrich Schiller sagte einmal: „Willst du dich selbst erkennen, so sieh, wie die anderen es treiben. Willst du die anderen verstehen, blick in dein eigenes Herz." Aber bevor Sie jetzt zu hart mit mir ins Gericht gehen, denken Sie doch mal darüber nach, wie Sie in dieser Situation reagiert hätten. Großzügigkeit liegt den meisten von uns nicht im Blut. Wir ertappen uns doch selbst – oder andere – immer wieder dabei, wie wir uns schwer damit tun, großzügig zu sein. Nicht umsonst gibt es Wörter in unserem Sprachgebrauch wie Geizkragen, Pfennigfuchser oder Neidhammel. Solchen Menschen begegnen wir schon in der Kindheit, und das hört bis ins hohe Alter nicht auf. Das kann der Mitschüler in der Grundschule sein, der den neuesten 4-Farbkugelschreiber bekommen hat, den aber niemand mal ausprobieren darf. Das kann der Kollege sein, den wir mal ungewollt übersehen haben und der uns das bis heute nicht verzeihen kann. Das ist der Kunde mit dem vollgepackten Einkaufswagen in der Warteschlange an der Kasse, der einer Mutter mit einem Päckchen Milch und drei Kindern im Schlepptau nicht den Vortritt lassen will. Im Tiefsten unseres Herzens sind wir Menschen oft kleinlich und berechnend, wenn es um die anderen geht, aber sehr großzügig, wenn es um unseren Vorteil geht. Wir haben einen fast unheilbaren Zug nach den „besten Plätzen" im Leben. Gott ist ganz anders. Er ist seinem Wesen nach extrem großzügig – nicht, weil wir es verdient hätten, sondern weil er so ist. Gott hat den besten aller Plätze freiwillig verlassen, ist Mensch geworden in Jesus, damit wir als Versöhnte wieder Plätze bei ihm haben können. Für immer. So lebt sich's gut.

Tipp

Gott hat die Herrlichkeit des Himmels
verlassen, damit wir auch Anteil an seiner
himmlischen Herrlichkeit haben können.
Er war unermesslich reich und ist unsagbar arm geworden,
damit wir unglaublich reich werden können.
Er starb wie ein Verbrecher am Kreuz,
damit wir Erben des Königs aller Könige werden können.
Weil er uns so reich gemacht hat, können wir auch andere
reich beschenken. Wen haben Sie da gerade vor Augen?

Montag

2. Samuel 7,17-29

2. Samuel 12,8

Gottes Großzügigkeit wird nicht durch unsere Ehrenhaftigkeit angespornt, sondern sie ist Teil seines Wesens. Er liebt es, großzügig zu sein, zu jedem von uns.

Dienstag

Matthäus 8,28-34

Gott ist bereit, ein ganzes Geschäft kaputtgehen zu lassen, um zwei Menschen zu befreien und zu retten.

Mittwoch

Johannes 5,1-18

Gott tut uns unglaublich viel Gutes, auch wenn wir ihn gar nicht darum gebeten haben.

29. Woche *Großzügigkeit*

Donnerstag

Johannes 8,1-11

Gott gibt jedem von uns eine zweite Chance, egal, was passiert ist.

Freitag

Matthäus 20,1-16

Gott belohnt uns großzügig, obwohl wir es nicht verdient haben.

Samstag

Matthäus 25,14-30

Es geht nicht darum, ob du mehr oder weniger als andere Menschen erreicht hast, sondern wie viel du aus den materiellen, geistigen und spirituellen Gaben gemacht hast, die Gott dir gegeben hat.

30. Woche

Heiliger Geist

Psalm 51,12

Haggai 2,5

Gott an unserer Seite

Der Begriff „Elchtest“ wurde 1997 bekannt, als das Fahrzeug eines Journalisten in Schweden bei einem Fahrstabilitätstest auf die Seite kippte und schließlich auf dem Dach liegen blieb. Als „Elchtest“ wird ein Fahrmanöver bezeichnet, welches das Ausweichen vor einem unerwarteten Hindernis auf der Straße simuliert. Er soll prüfen, wie schnell, und ob überhaupt, ein Auto wieder unter Kontrolle zu bekommen ist. Und weil dieser Test in Schweden durchgeführt wurde, wo das Hindernis ein auf der Straße laufender Elch sein könnte, wird er „Elchtest“ genannt.

Von diesem verkehrstechnischen Test ausgehend kann man durchaus Parallelen zu unserem Leben als Christen ziehen, denn es gibt auch den „Elchtest des Glaubens“ – eine Teststrecke, auf der ein Christ mit Gott unterwegs ist und dabei verschiedenen Hindernissen ausweichen muss. Wer im Glauben unterwegs ist, befindet sich sogar ein Leben lang auf dieser Teststrecke. Beim Fahrstabilitätstest kann man gute Reaktionen erlernen, z.B. durch Übung, weil man erwartet, dass einem tatsächlich ein Elch über den Weg laufen kann. Oder, weil man konzentriert ist, das Ziel vor Augen behält und sein Fahrzeug gut kennt und beherrscht. Ähnlich entstehen auch gute Reaktionen, wenn wir im Glauben ins Schleudern kommen. Wenn wir z.B. erwarten, dass es Hindernisse und Versuchungen gibt, oder dadurch, dass wir wachsam bleiben, unser Ziel vor Augen behalten und uns selbst gut kennen.

Genau diese Sehnsucht haben viele Christen. Das „Wollen“ ist bei den meisten vorhanden, aber die Reaktionen lassen oft zu wünschen übrig. Mal geht's rauf, mal runter. Mal kommen wir ins Schleudern, manchmal sogar zum Kippen. Mal haben wir uns unter Kontrolle, mal nicht. So, wie ein Auto die richtige Ausstattung braucht, um nicht ins Schleudern zu kommen, so brauchen wir den Heiligen Geist, damit wir z.B. die Menschen *lieben*, bei denen es uns schwerfällt, und damit wir *Freude* darüber empfinden, wie Gott uns geschaffen hat. Damit unser innerer *Frieden* nicht geraubt wird durch den Verlust von Arbeit, Geld oder Gesundheit. Damit wir Menschen mit *Geduld*, *Freundlichkeit* und *Güte* begegnen, Gott *treu* bleiben, unsere *Bescheidenheit* nicht in Vergessenheit gerät, und damit wir mit allen Dingen *maßvoll* umgehen.

Manchmal kommen wir ins Schleudern, weil wir uns nicht auf den Heiligen Geist verlassen und darauf, dass er in und durch uns das tun kann, was er eigentlich tun kann und will (Epheser 5,18). Wenn es uns bewusst ist, dass wir mit ihm erfüllt sind, werden wir Früchte des Heiligen Geistes hervorbringen. Frucht bringen und gute Ziele erreichen, ist die Arbeit des Heiligen Geistes und nicht das Ergebnis unserer Willensstärke. Durch die Hilfe des Heiligen Geistes können wir den „Elchtest des Glaubens" bestehen. Wir müssen nicht kippelig sein, wir können nachgebessert werden. Es gibt für uns kein Schleudern mit bösen, irreparablen Folgen, kein blindes Fahren, kein Tapsen im Dunkeln mit bösen Überraschungen. Es gibt kein Übersehen von unerwarteten Hindernissen, keinen Verlust der Kontrolle in schwierigen Situationen. Wir werden auch nicht gleich nach einem „unzureichenden Fahrverhalten" als Versager abgestempelt und ersetzt, sondern können Gottes Ausweg und Lösung suchen und finden und dann glücklich weiterfahren. So lebt sich's gut.

Tipp

„Für den Fall, dass der Heilige Geist anfängt,
in dein Herz hinein zu predigen mit läuternden
Gedanken, so tue ihm die Ehre, lass die eigenen
Überlegungen fahren, sei still und höre dem zu, was er predigt.
Das merke dir und schreibe es auf, so wirst du Wunder erfahren!"
Martin Luther

30. Woche

Heiliger Geist

Montag

Römer 8,9-17

Johannes 14,25-26

Apostelgeschichte 13,1-4

Wenn Jesus uns errettet, ist das ein einmaliges Ereignis. Aber uns vom Heiligen Geist führen zu lassen, ist eine kontinuierliche Herausforderung.

Dienstag

1. Korinther 12,13

1. Korinther 6,19-20

Der Heilige Geist ist keine Sache, kein „es", sondern eine Person. Wie Jesus hat er alle Eigenschaften Gottes und wohnt in uns. Dies sollte einen Einfluss darauf haben, wie wir mit unserem Körper umgehen.

Mittwoch

Galater 5,15-21

Johannes 12,26

Unser Daseinszweck ist, mit Gott durchs Leben zu „fahren". Unsere Route heißt, Jesus „nachzufahren". Unsere Kraft ist: im Geiste „zu fahren".

Donnerstag

1. Thessalonicher 5,19-22

Epheser 4,30-32

Den Heiligen Geist beleidigen, ist die Sünde des Tuns (Ungehorsam gegenüber Gott). Den Heiligen Geist unterdrücken, ist die Sünde der Unterlassung (Ungehorsam gegenüber den Warnungen des Heiligen Geistes).

Freitag

Römer 7,14-25

Galater 5,17

Matthäus 26,41

2. Petrus 1,3-7

Unser Problem ist, dass wir zwei Naturen haben: Das eine Ich ist ein Teil des neuen Menschen, der Gott gehört und sich nach Gott sehnt. Das andere Ich ist der Drang in uns, das Böse zu tun. Die Natur, die wir am meisten füttern, ist die stärkere.

30. Woche

Heiliger Geist

Samstag

1. Petrus 1,6-7

Epheser 6,12-18

Jakobus 4,7-10

Versuchung ist keine Sünde. Der Versuchung nachgeben, ist eine Sünde. Es ist nicht so wichtig, was uns passiert, sondern wie wir darauf reagieren. Gott möchte durch „Tests" aus uns ein Instrument machen, das ihn ehrt.

31. Woche

Herzensbildung

Hesekiel 36,26

Schritte zur emotionalen Reife

Lange Zeit galt der „IQ“ (Intelligenz-Quotient) als der absolute Maßstab für Erfolg und Lebensqualität. Doch dann stellte man fest, dass der „EQ“ (Emotionale Intelligenz-Quotient) viel ausschlaggebender ist für unseren persönlichen und beruflichen Erfolg. Längst genügt es nicht mehr, „nur“ in seinem Fachwissen kompetent zu sein. Untersuchungen haben gezeigt, dass der Einfluss des IQ auf das Gelingen im zwischenmenschlichen oder beruflichen Bereich lediglich zwischen 20 % und 30 % liegt. Die restlichen 70% bis 80% sind zu einem großen Teil auf die emotionale Intelligenz zurückzuführen.

Was die Psychologen da herausgefunden haben, ist nichts Neues. Schon in der Bibel lesen wir davon, dass es uns und anderen nichts nützen würde, viel Wissen aufzuweisen, die Sprachen aller Menschen zu sprechen, prophetische Eingebungen zu haben, himmlische Geheimnisse zu verstehen und alle Erkenntnis zu besitzen, wenn wir keine Liebe (Herzensbildung) hätten. Die Bezeichnung „emotionale Intelligenz“ umfasst eine ganze Reihe von praktischen Fähigkeiten, die uns und anderen unbestritten guttun. Zum Beispiel Einfühlungsvermögen, sich gut mit anderen zu verstehen, Kommunikationsfähigkeit, Mitmenschlichkeit, Hilfsbereitschaft, moralische Kompetenz, Verständnis, Takt, Höflichkeit, die Bereitschaft, Fehler einzusehen oder Disziplin. Das sind alles Reaktionen, die einen gereiften Charakter auszeichnen. Goethe regte zu seiner Zeit schon die Kultur der „Herzensbildung“ an. In der heutigen Berufswelt verwendet man den Begriff „Soft Skills“ und meint damit die Intelligenz des Herzens, die jeder lernen und sich antrainieren kann.

Die Bibel dagegen spricht von einem neuen Herzen, das nur Gott selbst uns schenken kann. Sie meint damit ein Herz, das geprägt ist von Gottes Gegenwart und seinem Geist und deshalb viel Gutes hervorbringt und bewirkt. Das Schöne ist: Gott legt allen seinen Kindern seinen Heiligen Geist ins Herz und dieser Geist lässt bei ihnen als Frucht eine Fülle von Gutem wachsen (Galater 5,22-23). Er lässt wunderbare innere Qualitäten reifen, die einen enormen Einfluss auf das Gelingen unseres Berufs- und Alltagslebens haben. Und hier geht es um eine Intelligenz des Herzens, die wir uns nicht selbst durch viel Wissen und Training aneignen müssen, sondern die wir uns von Gott schenken lassen können. Er kennt uns am allerbesten und weiß, womit wir uns täglich auseinandersetzen müssen und was uns fehlt. Ihm ist nicht verborgen, ob wir unsere Gefühle ignorieren, ob wir uns für etwas schämen. Er bemerkt, ob wir verärgert sind, ob uns Fehler zu schaffen machen und ob wir uns schwertun, Entscheidungen gemäß einem moralischen Hintergrund zu treffen oder nicht. Wir können Gott offen und ehrlich um ein neues Herz bitten. Um ein Herz, das wirklich lebt. Denn er ist ein genialer „Herzspezialist“. Wie die Blumen im Frühling, wie durch Wunderhand getrieben, wieder aus der Erde sprießen, so möchte Gott erstaunlich viel Gutes aus unserem Herzen hervorbringen. Er möchte uns in Menschen verwandeln, die aktiv zuhören können, die ihre Mitmenschen akzeptieren, so wie sie sind, ohne dabei alles gut zu heißen. Er will uns dazu befähigen, zwischen dem zu differenzieren, was für uns selbst und für andere wichtig ist. Er möchte uns zu Personen machen, denen es gelingt, tiefgehende Beziehungen langfristig zu pflegen, die meistens zufrieden sind und die in der Lage sind, widrigen Lebensumständen zu trotzen. So lebt sich's gut!

Tipp

Bitten Sie Gott in dieser Woche,
dass er Ihnen hilft, Ihre Gefühle, Bedürfnisse,
Motive und Ziele zu verstehen und zu prüfen,
welche davon gut sind und welche nicht.
Wenn Sie lernen, Ihre Reaktionen zu beherrschen,
können Sie diese als Motor zum Wohl aller
und zur Ehre Gottes einsetzen.

Montag

Sprüche 4,23

Unsere Gedanken und unsere Gefühle bestimmen nicht nur, wie wir in bestimmten Situationen reagieren, sondern unser ganzes Leben.

Dienstag

1. Korinther 13

Ein Mensch mit einer gereiften Persönlichkeit nimmt andere Menschen an, wie sie sind, glaubt, dass sie wertvoll sind, leidet mit ihnen, wenn sie leiden, will nur das Beste für sie und vergisst alles Ungute, was sie ihm angetan haben.

Mittwoch

Galater 4,6

Galater 5,22-24

Gott macht unsere Herzen neu. Er ersetzt Frust, Wut, Stolz, Unzufriedenheit, Minderwertigkeitsgefühle oder Selbstgerechtigkeit durch wunderbare Eigenschaften, die aus einem emotional gesunden Herzen kommen.

Donnerstag

Matthäus 22,37-40

Wer lernt, mit seinen eigenen Gefühlen und Reaktionen richtig umzugehen, wird auch lernen, mit den Gefühlen und Reaktionen anderer richtig umzugehen.

Freitag

Galater 5,16-18

Selbststeuerung heißt: die eigenen Gefühle und Stimmungen anhand von Gottes Wort durch einen inneren Dialog konstruktiv zu beeinflussen und zum Guten einzusetzen.

Samstag

Psalm 139,1-12 + 23-24

Herzensbildung erfordert, sich selbst gut zu kennen. Und wer sich selbst besser kennenlernen und im Herzen emotional gesund werden will, der muss den kennenlernen, der uns am besten kennt und uns zeigen kann, wer wir sind, nämlich Gott.

32. Woche

Klatschen, tratschen, lästern

1. Petrus 3,10

Vom Lästerer zum Wohlsprecher

Der griechische Denker Sokrates stellte einmal einem jungen Mann, der ihm unbedingt eine Neuigkeit über einen gemeinsamen Freund mitteilen wollte, eine sehr kluge Frage. Er fragte ihn, ob er seine Informationen vorab durch die drei Siebe gegossen hätte. Das erste Sieb ist: Weißt du auch ganz gewiss, dass diese Informationen stimmen? Das zweite: Ist es gut für den Betroffenen, wenn du diese Informationen über ihn weitergibst? Und das dritte: Sind die Informationen, die du verbreiten möchtest, gut und nützlich für den, der sie hören soll? Den guten Ratschlag des Sokrates zu befolgen, kann uns eine große Hilfe sein, wenn wir versucht sind, ungefilterte Informationen zu verbreiten. Nur, wenn wir alle drei Fragen (Ist es wahr, gut und nützlich?), mit Ja beantworten können, sollten wir es weitersagen. Wenn nicht, sollten wir uns auf die Zunge beißen und schweigen. Sokrates, so wird die Geschichte weitererzählt, hat diese Neuigkeiten nie erfahren! Es liegt eine große Versuchung darin, Klatsch und Tratsch weiterzusagen und auch anzuhören!

Die Ursache für Klatsch ist schlicht und ergreifend ein überheblicher Geist. Wer der Versuchung des Tratschens nachgibt, verrät damit einiges über sich selbst und nicht nur über andere. Zum Beispiel, dass er so stolz ist, dass er glaubt, besser über alles Bescheid zu wissen, oder dass er im Geheimen erwartet, dass andere seine Bedürfnisse erfüllen. Er verrät seinen Mangel an Liebe zu anderen, zeigt, dass er kaum Mitgefühl hat, dass er nicht besonders gnädig ist und dass Demut keinen Platz in seinem Herzen hat. Er denkt nicht darüber nach, wie er andere ermutigen, ihnen helfen und sie segnen könnte. Er spricht nie über das, was er am anderen gut findet und betet auch nicht für ihn. Wer klatscht und tratscht verrät auch, dass er neidisch ist oder sich damit schwertut, anderen zu vergeben. Wenn wir uns aber vorstellen, welchen Schaden und Streit, welche Verletzungen, Demütigungen und welche Missachtung der falsche Gebrauch von Worten bewirken können, und wenn wir die Worte Gottes tatsächlich beherzigen würden wie z. B. in Sprüche 17,20: „Ein Mensch, der Verkehrtes denkt und Übles redet, hat nichts Gutes zu erwarten", dann würden wir uns bestimmt öfters, wenn nicht immer, auf die Zunge beißen. Gott nimmt unsere Worte ernst, so sehr, dass er uns eines Tages danach fragen wird. Ein Rabbiner behauptete einmal, man könne aus allem etwas über Gott lernen. Ein Zuhörer fragte nach: „Was kann man denn z. B. aus einem Telegramm über Gott lernen?" Die Antwort des Rabbiners war kurz: „Ganz einfach: Jedes Wort zählt!" „Und vom Telefon?" – „Man hört drüben, was hier gesprochen wird", sagte der Rabbi.

Glücklicherweise nimmt Gott aber auch seine eigenen Worte ernst, die Bibel! Er bietet uns darin Vergebung für alle „Wort-Sünden" unseres Alltags an. Trotzdem haben wir dadurch keinen Freibrief für gedankenloses Reden. Wenn wir jedoch erkennen, wo wir durch unangemessenes Reden über andere vor Gott schuldig sind und ihn um Vergebung dafür bitten, wird er uns Vergebung schenken. Und er kann unser Herz so verändern, dass wir Worte sprechen, die ermutigen, helfen, segnen und ihn ehren. Denn: „Wovon unser Herz voll ist, davon wird unser Mund überfließen" (Lukas 6,45)! So lebt sich's gut!

Tipp

Lassen Sie sich anstecken,
ein „Wohlsprecher"
und ein Wohltäter zu sein,
denn nicht zuletzt wertet
dieses Verhalten auch Ihre
eigene Person auf.

Montag

Psalm 51

Solange wir es nicht schaffen, aufrichtig traurig über Selbstbezogenheit und Stolz zu sein, solange wir sie nicht als Beleidigungen Gottes entlarven, werden wir in dasselbe alte Redeschema verfallen. Nur ein Herz, das wirklich bereut, kann verändert werden.

Dienstag

Philipper 4,8-9

Psalm 107,42-43

Sobald wir uns auf all das Gute konzentrieren, das Gott für uns getan hat, werden wir dankbar und können auch das Gute in anderen Menschen sehen, nicht nur das Schlechte.

Mittwoch

1. Korinther 13,5

1. Petrus 4,8

Wenn unser Herz erfüllt ist mit Liebe für Menschen, von denen wir meinen, dass sie gegen uns gesündigt haben, werden unsere Worte selten den falschen Weg gehen!

Donnerstag

- *Lukas 6,43-45*
- *Psalm 139,23*
- *Jeremia 17,9-10*

Allein der Vorsatz, nichts Falsches zu reden, wird uns nicht helfen, denn das eigentliche Problem ist nicht unser Mundwerk, sondern unser Herz.

Freitag

Psalm 4,3-6

Wer uns verärgert, bestimmen immer noch wir selbst. Wir können nicht verhindern, dass über uns gesprochen oder getratscht wird, aber wir müssen den Gedanken über den Tratsch in unserem Kopf kein Wohnrecht geben.

Samstag

Jakobus 1,5-6a

Sprüche 12,18

Wer sich echte Sorgen um einen Menschen macht, der bittet Gott um Weisheit und spricht den Betroffenen behutsam direkt an, weil er das Vertrauen zu ihm nicht missbrauchen will.

33. Woche

Kreative Schöpferkraft

Psalm 19

Aus alt macht neu

DIY – kurz für „Do it yourself", dt. „Mach es selbst" – kann viel Spaß machen, Geld sparen und auch für die Umwelt gut sein. Mit DIY werden Tätigkeiten bezeichnet, die von Amateuren ohne professionelle Hilfe ausgeführt werden. Dabei geht es um handwerkliches Selbermachen, Heimwerken oder Basteln, Reparieren, Verbessern, Wiederverwenden oder Herstellen. DIY ist ein Trend, der uns persönlich sehr gefällt, weil er uns herausfordert, an unsere eigene Kreativität, Initiative, Improvisation und unser Können zu glauben. Außerdem ist DIY eine gute Alternative zum passiven Konsum. Man kann Kleider so nähen, wie man sie in der gewünschten Form oder Verarbeitungsqualität nicht vorgefertigt kaufen könnte. Man kann alte, scheinbar nutzlose Möbel, in neuwertige und moderne Produkte umwandeln und sie damit aufwerten – auch „Upcycling" genannt. Diese Wiederverwertung von bereits vorhandenem Besitz reduziert auch gleichzeitig die Verwendung von Rohstoffen. Auch gut, denn wir haben viele alte Möbelstücke und Accessoires auf Shabby-Chic mit ein bisschen Kreidefarbe und Wachs aufgehübscht. Wir haben eine alte Markise im Internet ersteigert und mit neuem Stoff bezogen und unsere alten Pflastersteine auf der Terrasse nicht ersetzt, sondern einfach gestrichen. Geht auch.

Wenn wir Veränderungen sehen und erleben möchten, ohne viel Geld auszugeben oder die Umwelt in Mitleidenschaft zu ziehen, brauchen wir nur ein bisschen Mut und gute Anleitungen. Die Anleitungen für das Instandhalten und Verschönern holen wir uns auf YouTube, Pinterest oder bei Freunden, die ihr kreatives Können schon erfolgreich bewiesen haben. Den Mut holen wir uns von Gott, der eine unglaubliche schöpferische Kraft ist. Immerhin hat er die ganze Welt und uns Menschen als sein Ebenbild geschaffen. Das heißt, weil er kreativ ist, sind wir das auch – zumindest ein bisschen.

Dass Gott eine schöpferische Macht ist, heißt für uns auch: Was nicht ist, kann noch werden – nicht nur äußerlich, sondern auch innerlich. Gott arbeitet an uns – und auch an Ihnen – wie ein großartig begabter Restaurator, der etwas nicht einfach wegwirft, weil es an Glanz und Schönheit verloren hat. Er weiß den wahren Wert zu schätzen, weiß, dass das Leben, der Alltag manchmal für die ein oder andere Macke und Schramme sorgt. Und denen wendet er sich meisterhaft zu, repariert, restauriert, macht einfach aus etwas wertvollem Alten etwas noch wertvolleres Neues. Weil er verändert und möchte, dass auch wir etwas verändern, ist das letzte Wort noch nicht gesprochen. Für alles, was wir allein nicht können, bekommen wir von ihm, was dafür nötig ist. Zum Beispiel mehr Kraft zum Leben, mehr Wissen und Einsicht, mehr Freude, Durchblick, Weisheit und Verständnis, mehr Erfüllung, Zufriedenheit und Dankbarkeit. Dazu lese ich gern Psalm 19. Das können wir alles von unserem kreativen Schöpfer erhoffen und erbitten, denn immerhin wird er eines Tages auch einen neuen Himmel, eine neue Erde und ein ganz neues Zuhause für uns schaffen. Wir sind gespannt, wie unser Zuhause dann dort sein wird! So lebt sich's gut.

Tipp

Nur die zuversichtliche Haltung gegenüber Veränderungen ermöglicht Wachstum, Freiheit und Frieden.

Montag

2. Korinther 5,17

Kolosser 3

Kolosser 4

Gott nimmt uns so an, wie wir sind, lässt uns aber nicht, so wie wir sind. Aus Altem macht er Neues.

33. Woche

Kreative Schöpferkraft

Dienstag

Philipper 4,9

Jeremia 29,11-14

Hesekiel 36,26

Gott kennt unseren Wert und sieht das unendliche Potenzial in uns.

Mittwoch

Galater 5,22-23

Epheser 4,22-24

Gott verwandelt uns von innen nach außen durch seine Liebe, Hingabe und Fingerfertigkeit.

33. Woche

Kreative Schöpferkraft

Donnerstag

Römer 5,5

Epheser 2,10

Johannes 3,16

Gott arbeitet nicht nur für uns, er wirkt auch in und durch uns.

Freitag

1. Mose 1

Wenn Gott diese Welt aus dem Nichts erschaffen konnte, dann stellen Sie sich vor, was er aus Ihrem Leben noch alles machen kann.

33. Woche **Kreative Schöpferkraft**

Samstag

1. Johannes 3,18-24

Johannes 21,15-19

1. Chronik 4,9-10

Gottes Liebe ist größer als alle unsere Lebenserfahrungen, Fehler, Schwächen und Grenzen.

34. Woche

Mittelmäßigkeit

2. Korinther 4,18 - 5,10

Einfacher, als man denkt!

Mittelmäßigkeit liegt in der Natur des Menschen. Wir orientieren uns nicht ungern an den Maßstäben der Mehrheit. Und zur Not machen wir sogar manchmal andere Menschen schlechter, um selbst besser dazustehen. Jemand, der Schwarzarbeit verrichtet, erzählt nur allzu gern von seinem Nachbarn, der die Steuern hinterzieht. Wer selbst nicht so gut mit Geld umgehen kann, erzählt von seinen Bekannten, die durch ihren Geltungsdrang überschuldet sind. Und wer als Christ „die Sache mit Gott" nicht mehr ganz so ernst nimmt, misst sich nicht selten an Menschen, die noch weniger mit Gott am Hut haben. Die meisten Menschen sind mit dem Durchschnitt zufrieden. Gerne reden wir uns selbst ein, dass Qualität und Integrität relativ sind und denken: „Warum sollte gerade ich anders leben, wenn es doch viel einfacher ist, sich der Mehrheit anzupassen?" Vielleicht denken sie, das Beste für Jesus anzustreben sei unrealistisch oder nur etwas für Träumer. Aber das stimmt nicht. Das Beste anzustreben, lohnt sich immer!

Dabei dürfen Sie nur eins nicht vergessen: Das Beste ist nicht zwingend verwandt mit Erfolg. Es ist etwas völlig anderes, ob ich ein zielgerichtetes Leben führen will und einen Charakter anstrebe, der Gott gefällt oder ob ich den Erfolgsphilosophien des 21. Jahrhunderts folge. Es gibt genügend Kurse und Seminare zum Thema Erfolg, aber die Ausbildung eines gottgefälligen Lebensstils führt nicht über die Schnellstraße – egal, was manche „Erfolgsprediger" erzählen mögen! Wer das Beste als Christ anstrebt, muss sich ganz bewusst dafür entscheiden und völlig anders leben – egal, was es kostet. Denn Gott hat mit seinen Nachfolgern viel Größeres im Sinn, als wohltemperierte, religiöse Mittelmäßigkeit. In Römer 8,29 steht: „Sie alle, die Gott im Voraus ausgewählt hat, die hat er auch bestimmt, seinem Sohn gleich zu werden."

Doch Jesus ähnlich werden, das passiert nicht über Nacht. Es ist ein Prozess, an dem wir maßgeblich beteiligt sind und der nie abgeschlossen ist – zumindest nicht auf der Erde. Darum: Wer werden will wie Jesus, der muss Weitblick und einen langen Atem haben. Ohne den Blick auf das Ziel und die nötige Ausdauer wirft man zu schnell das Handtuch. Denn auf der langen Reise werden sich einem immer wieder eine Menge Dinge in den Weg stellen. Feigheit und Anpassung machen sich breit. Alltagssorgen wollen uns überwältigen. Da wird das Kleine so groß, das Unwichtige so wichtig, und das Vergängliche wird auf einmal alles entscheidend. Deshalb gibt es in dieser Woche ein paar Tipps, wie ein Nachfolger Jesu Stolpersteine erkennt und ihnen frühzeitig ausweichen kann. Es liegt Gott am Herzen, dass es auch uns am Herzen liegt, uns nicht mit Mittelmäßigkeit und dem gängigen Status Quo zufrieden zu geben. Er will nicht, dass unser Leben am Ziel vorbeigleitet (Hebräer 2,1). Schließlich hat er Großes mit uns vor: Wir sind sein Empfehlungsschreiben an die Welt. Charles H. Spurgeon hat es mit folgenden Worten treffend auf den Punkt gebracht: „So wie die Menschen in ein Schaufenster blicken, um zu sehen, was es in einem Laden zu kaufen gibt, so schauen sie auch in dein Gesicht, um zu sehen, was tief in deinem Herzen wohnt.

Tipp

Nutzen Sie Gottes Kraftquelle!
Schauen Sie weg von Ihren Grenzen
hin auf Gottes unbegrenzte Möglichkeiten.
Wir sind so oft gefangen in unserer kleinen Welt und
in unserer begrenzten Sicht der Dinge.
Jesus selbst verspricht, dass er das gute Werk zu Ende
bringen wird, das er in uns angefangen hat
und uns durch seinen Geist nicht nur das Wollen,
sondern auch das Vollbringen schenkt (Philipper 1,6).

Montag

Sprüche 29,25

Setzen Sie Erkanntes um! Viele von uns bewerten Anerkennung höher als die Wahrheit. Doch wer Jesus folgen will, darf sich sein Selbstbewusstsein nicht im Zuspruch der Masse holen. Ein Jünger ignoriert nicht, was er als richtig und gut erkannt hat, nur weil er in der Minderheit ist, sondern verfolgt sein Ziel mit Mut und Treue.

Dienstag

2. Korinther 3,12-18

Behalten Sie das große Ziel vor Augen! Geistliche Disziplinen wie Gebet, Bibellese und Fasten sind gut, aber darüber hinaus benutzt Gott auch unseren Alltag. Wir müssen in den gewöhnlichen Dingen außergewöhnlich sein. Wenn wir dies beherzigen, verlieren wir weder durch das Schöne noch durch das Unangenehme Gottes Ziel mit uns aus den Augen.

Mittwoch

1. Korinther 7,29+32-34

Kolosser 2,8

Verlieren Sie sich nicht im Alltag oder in Beziehungen. Es gibt ein gutes „Sich-Sorgen", aber sich falsche Sorgen machen heißt, Dingen nachgehen, die nicht von Nöten sind und uns von der Hauptsache ablenken.

Donnerstag

1. Korinther 7,35

Philipper 2,12-16

Dienen Sie Gott ganzheitlich! Gott möchte, dass wir in allen Rollen, die wir zu erfüllen haben, mit unserem Herzen ganz bei ihm sind, denn in erster Linie sind wir Kinder Gottes! Nur wenn wir all unseren Rollen unsere Rolle als Kind Gottes voranstellen, leben wir gemäß unserer Berufung:
Wir spiegeln Gottes Art in allen Lebensbereichen wider.

Freitag

1. Korinther 7,30

Römer 12,15

Prediger 3

Lassen Sie sich nicht von Trauer gefangen nehmen! Wer sich von Trauer überwältigen lässt, verliert den Weitblick. Er vergisst, dass kein Problem größer ist als Gott. Er vergisst, dass Gott schon Lösungen hat und helfen will.

34. Woche **Mittelmäßigkeit**

Samstag

1. Korinther 30b

Matthäus 6,33

Gott freut sich mit uns, wenn wir glücklich sind, aber er möchte dennoch nicht, dass wir uns in der Freude über irgendwelche Dinge vollkommen verlieren. Sie sind vergänglich und können uns daran hindern, einen Lebensstil zu erlangen, der Gott gefällt. Wer nach dem Himmel strebt, dem wird die Erde „in den Schoß fallen", wer nach der Erde strebt, dem geht beides verloren.

35. Woche

Neid und Eifersucht

Sprüche 6,34

Destruktive Formen der Anerkennung

Der Maultaschenauflauf mit Leberkäse – das Leibgericht unserer Enkel – war fertig gebacken, der Tisch gedeckt und alle fünf Enkel hatten sich nach kurzem Gerangel – was übrigens eher dem Spiel „Reise nach Jerusalem" ähnelte – einen Platz am Tisch ergattert. Da griff plötzlich ein Enkel unmutig und missgünstig gierig nach dem Trinkbecher eines anderen, weil dieser ihm neuer, schöner und interessanter erschien! Damit war die Schlacht am Tisch eröffnet!

Neid, sagt die Bibel, erregt Groll, entfacht Zorn, steigert die Wut bis zum Äußersten – nicht nur bei Kindern, sondern auch bei Erwachsenen. Die Hebräer zur Zeit des Alten Testaments benutzten nur ein Wort für Neid, und zwar „qua-nah". Es bezieht sich auf etwas, das eine intensiv rote Färbung angenommen hat. Es beschreibt einen Menschen, dessen Gesichtsfarbe sich aufgrund einer emotionalen Erregung stark errötet hat, jemanden, bei dem eine „Verbiesterung" stattgefunden hat. Interessant ist, dass ausgerechnet die Wörter „Eifer" und „Überschwang" aus derselben Sprachwurzel stammen wie „Neid"! Der Zusammenhang ist erkennbar: Wir lieben etwas überschwänglich. Wir trachten danach mit unverfrorenem Eifer. Wir wollen es unbedingt haben. Doch dann bekommt ein anderer genau das, was wir haben wollten. Folglich erleben wir, was es heißt, dass der Neid in uns Wut entfacht. Seltsamerweise verändern sich durch Neid unsere Gefühle des Eifers und der Liebe. Durch die verändernde Macht der Sünde wandelt sich Liebe zu Missgunst. Auch wenn wir kurz zuvor noch frisch, fromm und frei waren, ist davon jetzt nichts mehr zu hören und zu sehen. Wir sind nur noch sauer!

Obwohl „Neid" und „Eifersucht" oft gleichgestellt werden, gibt es einen Unterschied zwischen ihnen. Neid beginnt mit leeren Händen. Er beklagt das, was er nicht hat und schlägt um sich. Eifersucht ist anders. Sie ist eine Form der Trauer. Sie beginnt mit vollen Händen, sieht sich jedoch bedroht durch den möglichen Verlust ihrer Fülle. Die Vorstellung, etwas an einen anderen zu verlieren, obwohl sie alles getan hat, um es selbst zu behalten, ist schrecklich für sie. Das mag Anerkennung, Beliebtheit, Besitz, Status, gute Beziehungen, Gaben, oder Liebe sein. Eifersucht fördert das Konkurrenzdenken, löst Freundschaften auf, zerstört Ehen, verursacht Spannungen unter Mitarbeitern, macht die Einheit eines Teams oder einer Gemeinde zunichte. Eifersucht hinterfragt die Motive und verurteilt den Erfolg anderer. Sie ist misstrauisch, engstirnig, negativ und eine Sucht, wie das Wort „Eifersucht" verrät. Die gute Nachricht aber ist: auch diese Sucht kann mit Gottes Hilfe bekämpft und besiegt werden!

Wenn Unmut und Missgunst in uns aufsteigen, müssen wir nicht beschämt schweigen. Wir können mit Gott und mit vertrauten Menschen offen darüber reden, in dem Wissen, dass wir trotzdem liebenswert und wertvoll sind. Gott will uns so viel Gutes sagen, dass es uns möglich wird, ein positives Selbstbild zu entwickeln und dadurch der Eifersucht den Nährboden zu entziehen. Wer sich seinem Neid stellt, also zugibt, dass er von ihm befallen ist, bei dem verliert der Neid sein tödliches Gift. So ist die Gnade Gottes in unserem Leben. So lebt sich's gut!

Tipp

Danken Sie Gott
für alles, was er Ihnen
und Ihrem Nächsten geschenkt hat,
und das Gift des Neides wird weichen.
So erfüllen Sie das 10. Gebot:
„Du sollst nicht begehren,
was dein Nächster hat."
2. Mose 20,17

Montag

Jakobus 3,13-18

Warum bewegt Sie das, was Gott mit anderen Menschen vorhat oder durch sie tut? Ist es Neugier, Fürsorge oder vielleicht sogar der Neid?

Dienstag

1. Mose 4,1-16

Wer sich immer mit anderen Menschen vergleicht und diese beneidet, ist ein ruheloser, umherirrender, heimatloser Mensch.

Mittwoch

Johannes 21,20-25

Die Geschichte Gottes mit anderen Menschen ist für uns nicht so wichtig wie das eigene Leben mit Gott. Wir tragen in erster Linie Verantwortung für den Auftrag, den Gott uns gegeben hat, und davon sollen wir uns nicht ablenken lassen.

Donnerstag

1. Samuel 18,6-16

Bekämpfe nicht die Menschen, auf die du eifersüchtig bist, sondern deinen wirklichen Feind, die Eifersucht, denn die Macht der Zerstörung, die aus unserem Neid entspringt, bringt nicht andere, sondern uns selbst zu Fall.

Freitag

Lukas 10,38-42

Wenn wir tun, was wir tun, weil Gott uns dazu berufen hat, und wenn wir anderen dienen, weil Jesus uns wichtig ist, dann können wir uns engagieren, ohne neidisch auf andere zu sein.

Samstag

Sprüche 14,30

Wenn wir zugeben, dass der Neid uns befallen hat und unser Leben aus Gottes Perspektive sehen, dann werden wir erleben, wie der Neid aus unserer Seele weggesaugt wird und wir aufblühen zu neuem Leben.

36. Woche

Schätze

Matthäus 13,44

Woran unser Herz hängt

Wenn Sie Ihr Haus innerhalb einer halben Stunde verlassen müssten und nicht wüssten, wann oder ob Sie überhaupt jemals zurückkämen, welche drei Dinge würden Sie spontan mitnehmen? An Ihrer persönlichen Auswahl wird offensichtlich, dass Sie sich für Dinge entscheiden, die Erinnerungen beinhalten oder die Ihnen in der Zukunft dienlich, ja, die eventuell sogar lebensnotwendig für Sie sein könnten. Zum Beispiel Medikamente, Ihr Portemonnaie mit Ausweisen und Geld, Ihr Handy und ein Ladegerät. Oder, wenn man Sie bitten würde, drei Dinge aus Ihrem Besitz zu verschenken, welche würden Sie weggeben? Hier zeigt sich, welche Dinge für Sie oft nur „Füller", sprich überflüssig, sind – jedoch nicht zur Lebenssubstanz gehören. Als der Hurrikan „Katrina" 2005 schreckliche Zerstörungen im Süden der USA anrichtete, blieb vielen Menschen auf der Flucht nur noch Zeit, einen einzigen Gegenstand zu retten. Was sie mitnahmen, könnte nicht unterschiedlicher gewesen sein: Geldbeutel, Wasserflaschen, Pässe, Konserven, Unterwäsche, Geburtsurkunde, Lieblings-T-Shirt, Dokumente, Rosenkränze, Schmuck, medizinische Unterlagen, Fotos oder sogar Chips und Cola.

Was eine Sache für uns persönlich wertvoll macht, bestimmt deren Nützlichkeit – also das, was wir letztendlich davon haben. Aber auch Angebot und Nachfrage spielen eine Rolle: Wie leicht kommen wir an so etwas ran? Oder auch die Nachhaltigkeit einer Sache: Wenn es nur kurze Zeit etwas bringt, dann ist es nicht so wertvoll, wie etwas, das uns für eine lange Zeit dienlich ist. Es gibt verkannte Schätze, die nicht richtig wahrgenommen werden, nach dem Motto: „Du weißt nicht, was du hast, bis es einmal weg ist!" Es gibt Schätze, die wir hegen und pflegen müssen. Es gibt auch Schätze, die uns faszinieren und sogar gefangennehmen können. Es gibt Schätze, die bei anderen Menschen Neid hervorrufen können, wie zum Beispiel Bildung und Wissen, Klugheit und Können, Gaben und Talente, Gesundheit und Fitness, Lebensumstände, Wohlstand, Macht und Ruhm. Aber auch Zufriedenheit, ein gesundes Selbstbild, eine tiefe Gottesbeziehung oder Segen können ein hohes Gut sein, das Neid auslösen kann.

Es gibt Schätze, die sich multiplizieren, wenn wir sie weggeben. Es gibt Schätze, die sich entfalten können, wie Gottes Wort, das uns Menschen mehr erfreut als Gut und Geld (Psalm 119,14+56). In der Bibel sind Schätze ein Synonym für verschiedene Dinge wie materieller Reichtum, Tempelspenden, Vorräte, eine große Beute, Schmuck, bestimmte Wetterbedingungen, falsche Sicherheit, die Schatzkammer des Heiligtums, das höchste Glück, Wissen und Weisheit, Wohlstand, Ehrfurcht vor dem Herrn, Dinge, die uns persönlich begeistern, unser Herz, Gottes neue Welt oder auch gute Taten. Der wirkliche Wert einer Sache wird dadurch bestimmt, was jemand bereit ist, dafür zu geben. Jesus war bereit, die Herrlichkeit des Himmels zurückzulassen, um uns das wahre Leben zu schenken. Und er verschenkt sich jeden Tag an uns. So lebt sich's gut.

Tipp Wenn Gott Sie auffordern würde, etwas von Ihrem Besitz zu verkaufen, um Schätze im Himmel zu sammeln (z. B. um Armen zu helfen), was würden Sie spontan zu Geld machen?

Montag

Matthäus 6,19-23

Jeder ist aufgefordert, seine innere Haltung zu prüfen und notfalls zu verändern: Sind wir nur auf uns selbst und unser Wohlergehen fixiert? Oder können wir auch loslassen, uns selbst zurücknehmen und Gottes Sache ebenso wichtig nehmen wie uns selbst?

36. Woche *Schätze*

Dienstag

Matthäus 13,44-46

Epheser 5,25-27

Matthäus 16,24-28

Jesus, unser Retter und Erlöser, gab alles auf, damit wir seine Kinder werden können: die Herrlichkeit des Himmels, sein Leben hier auf der Erde, ja, alles, was er besaß. Was wären wir bereit zu opfern, damit Menschen Jesus kennenlernen und im Glauben wachsen?

Mittwoch

Psalm 119,129 + 140 + 167

Sprüche 2,3-5

Woran erkennen Menschen in meinem Umfeld, dass ich mit ganzem Herzen an Gott, an seinen Worten, Geboten, Verheißungen und Anweisungen hänge?

36. Woche *Schätze*

Donnerstag

Matthäus 19,16-26

1. Timotheus 6,17-19

Wenn Gott sowieso alles gehört, was ich habe, wie fest oder locker halte ich das, was er mir anvertraut hat, in der Hand?

Freitag

2. Korinther 4,6-7

Wenn wir Jesus in unserem Herzen haben, tragen wir einen Schatz in uns, der uns trotz unserer menschlichen Zerbrechlichkeit unzerstörbar macht.

36. Woche

Schätze

Samstag

Lukas 2,36-38

Lukas 6,43-45

Worüber reden Sie am allerliebsten? Was sind Ihre Lieblingsthemen und warum?

37. Woche

Schönheit

Das Buch Esther

Keine Schönheit strahlt mehr als ein gutes Herz

Schönheit ist unter uns Menschen nicht gleichmäßig verteilt. Bei manchen ist Schönheit eine strategische Leistung, bei anderen ein Geschenk der Natur – ein Geschenk, mit dem nicht jeder gut umgehen kann. Wer wunderschön ist, kann seine Mitmenschen zu Bewunderung und Bevorzugung oder zu Neid und Eifersucht herausfordern. Übermäßige Schönheit kann auch zu Rücksichtslosigkeit führen und Beziehungen zerstören. Schönheit – mit allen Vor- und Nachteilen – ist leider auch nur bedingt käuflich. Einerseits wissen wir, dass Schönheitsoperationen, Markenkleidung oder Training im Fitness Center keine Garantie für Schönheit sind und Schönheit keine Garantie für ein erfülltes Leben. Andererseits glauben wir an die Wirkkraft unseres Geldes und tun, was immer wir können, um noch besser auszusehen. Dabei hoffen viele Menschen, durch ein besseres Aussehen von ihren Ängsten, ihrer Einsamkeit, von schlechten Beziehungen oder mangelnder Anerkennung befreit zu werden. Sie glauben, dass eine gewisse Schönheit ihrem Dasein mehr Sinn und Erfüllung geben kann. Für diese Täuschung gibt es eine einfache Erklärung: Wir betrachten unseren Körper als etwas, was wir haben, nicht als etwas, das wir sind. Und wir tun das, obwohl ein geliebtes, gewolltes und begabtes Kind Gottes viel mehr zu bieten hat als Schönheit.

Was an einem Menschen wirklich schön ist, das kann man nicht auf Facebook, Instagram oder auf einem Gemälde erkennen. Schönheit ist dort zu finden, wo sich nach außen hin zeigt, was man im Inneren ist. Der physisch schönste Mensch kann unattraktiv wirken, wenn er ständig unzufrieden, undankbar, freudlos oder gierig ist. Er kann alles andere als anziehend wirken, wenn er in schwierigen Zeiten keine Haltung zeigt oder kein Gespür dafür hat, was seine Persönlichkeit wirklich ausmacht. Wer sich aber daran gewöhnt, aus Einsicht das zu tun, was in moralischer Hinsicht erforderlich ist – nämlich: besonnen, vernünftig, mutig und gerecht zu handeln – der sorgt dafür, dass sich diese Gewohnheit zu einer Grundhaltung verfestigt.

Das Schöne braucht also das Gute, um nicht von Arroganz, Rücksichtslosigkeit, Feigheit oder Verzweiflung entstellt zu werden.

Menschen, deren äußere Schönheit zwar mit den Jahren vergeht, die aber auch innere Haltung aufgebaut haben, bleiben ihr Leben lang attraktiv. Ihre Haltung triumphiert über das Unschöne. Das Leben von Königin Esther in der Bibel verkörpert beides: Das Schöne und das Gute. Sie war überwältigend schön, aber auch umwerfend gut. Sie war bekannt für Tapferkeit und leistete bahnbrechende Pionierarbeit. Sie hatte eine innere Kraft, sie war selbstbewusst und unabhängig. Sie hatte Halt, stand zu ihren Überzeugungen und zu ihrem Glauben. Die Freiheit in Gott und das Wohl anderer Menschen waren ihr wichtiger als eigener Komfort und Sicherheit. Sie stellte sich mutig ihren Herausforderungen und löste Probleme. Sie tat, was sie als richtig erkannt hatte – ungeachtet der Kosten – und rettete somit das Leben vieler Menschen. Sie lebte das Leben, zu dem sie geboren worden war, und nicht nur ihre Schönheit machte das möglich, sondern ihr gutes Herz. Auch Jesus – unser größtes Vorbild – nahm alles auf sich – koste es, was es wolle –, damit wir leben können! Jede und jeder ist berufen zu tun, wozu kein anderer berufen ist. So lebt sich's gut!

Tipp Erst wenn wir uns losreißen von unseren vermeintlichen Sicherheiten und uns auf den unbequemen Weg der Realität machen – koste es, was es wolle – werden wir etwas an unserem Platz bewirken. Dazu müssen wir bereit sein, auf die Anerkennung von Menschen zu verzichten, um wirklich das schöne, erfüllende Leben zu ergreifen.

Montag

1. Korinther 6,19-20

Sie sind ein Kind Gottes, geschaffen nach seinem Ebenbild, auserwählt, teuer erkauft und nun von königlicher Würde und Teil des Leibes Christi. Wenn Sie dementsprechend leben, macht es Gott große Freude.

Dienstag

1. Petrus 3,3-4

Alles, was unseren Charakter gut und Jesus ähnlicher macht, ist wirklich schön!

Mittwoch

1. Samuel 16,7

Kolosser 3

Wirklich schön kann nur der Mensch sein, der nicht ständig darüber nachdenkt, wie schön er oder jemand anderes ist, sondern der sich daran gewöhnt hat, aus Einsicht und Überlegung das zu tun, was in Gottes Augen erforderlich ist.

Donnerstag

1. Korinther 12

Entdecken Sie das, was Sie schon an sich selbst mögen und auch das, was Sie haben und was viele andere nicht haben.
*„Wer nicht kann, was er will, muss das wollen, was er kann.
Denn zu wollen, was man nicht kann, wäre töricht."* Leonardo da Vinci

37. Woche **Schönheit**

Freitag

Prediger 12

Wenn Schönheit ein Geschenk der Natur ist, dann eines mit ziemlich geringem Haltbarkeitsdatum. Jeder Mensch wird älter, und die Sterberate ist immer noch 100%. Das Wichtigste im Leben ist, Gott ernst zu nehmen.

Samstag

Galater 6,1-10

Säe einen Gedanken, und du erntest ein Wort. Säe ein Wort, und du erntest eine Tat. Säe eine Tat, und du erntest eine Gewohnheit. Säe eine Gewohnheit, und du erntest einen Charakter.

38. Woche

Selbstdisziplin

Galater 5,16-25

Ohne Fleiß kein Preis!

Keiner von uns will bleiben wie er ist. Wir alle wollen positive Veränderungen erleben, mehr lernen und fähiger werden, sinnvolle Ziele zu erreichen. Manch einer will, was seine äußere Erscheinung angeht, nicht bleiben wie er ist, und treibt regelmäßig Sport. Ein anderer will gesünder leben und besucht VHS-Kurse zum Thema Vollwertkost. Wir alle haben Träume und Ziele, die zu erreichen uns Selbstdisziplin abverlangt. Die erwünschte Folge von Selbstdisziplin ist eine Freude – oder ein Ergebnis –, das sich erst später einstellt, eine Freude, die man erst zu einem späteren Zeitpunkt nach gewisser Vorleistung erwarten kann. Das heißt: Wir treffen heute eine Entscheidung, uns trotz Schwierigkeiten und Rückschlägen mit ganzer Kraft für etwas einzusetzen, das wir uns wünschen, obwohl keine sofortige Belohnung zu erwarten ist. So sieht Selbstdisziplin aus.

Aber diese Charaktereigenschaft liegt den meisten von uns leider nicht im Blut. Wir wollen viel zu oft ein schnelles Ergebnis, statt eines späteren Ergebnisses, das besser ausfällt. Wir wollen sofortiges Vergnügen, schnelle Lösungen, unmittelbare Ergebnisse oder Erfolg auf Anhieb. Wir wollen in nur fünf Tagen zehn Pfund abnehmen und im Lotto gewinnen, um alle unsere Schulden auf einmal loszuwerden. Am liebsten wollen wir auch Gottes Segen auf Knopfdruck und sofortige Antworten auf unsere Gebete. Aber so werden wir nie eine Beziehung zu Gott oder zu Freunden aufbauen können. So werden wir niemals körperlich fitter werden, Probleme loswerden oder lernen, wie wir wirklich gute Ziele erreichen können. Wenn wir jedoch bereit sind, an irgendetwas zu arbeiten, auf seine Verwirklichung beharrlich zu warten und auf bestimmte Dinge zu verzichten, dann wird sich diese Selbstdisziplin eines Tages auszahlen. Sie gibt uns nicht nur einen guten Start, sondern wir erreichen durch sie auch Ziele, die Gutes hervorbringen.

Für mich hat es sich schon oft gelohnt, im Vorfeld eine Entscheidung zu treffen und dabei zu bleiben, auch wenn mir das manchmal sehr schwerfiel und mich das viel Mut und Vertrauen gekostet hat. Wir müssen täglich viele Entscheidungen treffen, und oft fällt es uns schwer, die richtigen zu treffen. Das ist so, weil wir ständig in der Gefahr stehen, auf unsere menschlichen Vorstellungen und Wünsche zu hören, anstatt auf das, was Gott will. Dinge einfach laufen zu lassen, nur zu hoffen, dass sich Probleme von selbst lösen werden, Aufgaben nicht ernst zu nehmen, auf Ersparnisse nicht zu achten, Termine nicht einzuhalten, die Ehe oder Familie zu vernachlässigen, Gott nicht mehr in sein Leben einzubeziehen oder aufzuhören, in der Bibel zu lesen – das alles führt zu keinen guten Ergebnissen. Es gibt viele Gründe für Versagen. Die meisten davon lassen sich mit einem Mangel an Selbstdisziplin erklären. Die gute Nachricht ist: Wir können gute Ziele erreichen, wenn wir in allen Lebensbereichen Selbstdisziplin anwenden. Und die noch bessere Nachricht ist: Jesus Christus, der in allen Tugenden beständig war, bietet uns an, seinen Charakter in uns zu entwickeln, wenn wir ihm nachfolgen. Das ist ein Angebot, das wir kaum ablehnen können. So lebt sich's gut.

Tipp

Gehen Sie mutig los,
denn so gelingt ein guter Start.
Lassen Sie sich von Gott ständig verändern,
denn Menschen mit einem gottwohlgefälligen
Charakter sind das, was die Welt braucht.
Je stärker unser eigener Charakter wird,
desto stärker können wir guten Einfluss
in der Welt ausüben.

Montag

1. Johannes 2,1-6

Wir dürfen unsere Fortschritte im Glauben, in unserem Verhalten, in unserer Lebensweise und im Blick auf unsere Charakterbildung nicht dem Zufall überlassen, sondern sollen sie mit Gottes Hilfe angehen. Dabei gilt: Siegreich zu leben ist nicht die Abwesenheit von Versagen, sondern zu wissen, was zu tun ist, wenn man versagt hat.

Dienstag

2. Korinther 5,17

Oftmals müssen wir nicht noch mehr geschult werden, sondern uns eher zu Herzen nehmen, was wir schon als richtig erkannt haben und dann langfristige Entscheidungen treffen, danach zu leben, so gut wir können.

Mittwoch

2. Petrus 1,3-7

Unser Leben heute ist die Konsequenz unserer Entscheidungen von gestern. Eine Wiedergeburt ist ein Wunder, das Wachsen im Glauben nicht minder. Wer dem lebendigen Gott begegnet, wird Veränderung erleben.

Donnerstag

Hebräer 12,1-3

Wenn wir uns entscheiden, aus dem Geist Gottes zu leben, stellen wir uns unter die Autorität des Heiligen Geistes, der in uns lebt und uns Kraft gibt. Er lehrt uns zu tun, was richtig und gut für uns ist.

Freitag

1. Chronik 4,9-10

Charakter beschreibt nicht das, was wir erreicht haben, sondern wie wir in unserem Innersten sind. Umarme harte Zeiten, und sie werden dich zu einem besseren Menschen machen zur Ehre Gottes.

Samstag

Sprüche 3,1-6

Selbstdisziplin bezieht sich weder auf den Gehorsam gegenüber dem Gesetz, noch auf unsere eigenen Anstrengungen, mehr Selbstkontrolle auszuüben. Sie bezieht sich vielmehr auf unsere Entscheidung, aus dem Geist zu leben, die wir im Voraus getroffen haben. So erlauben wir ihm, unsere Reaktionen auf die Konflikte des Lebens zu lenken und uns zu bewegen, bestimmte Dinge zu tun oder nicht tun.

39. Woche

Selbstgerechtigkeit

Lukas 18,9-14

Selbsterkenntnis ist der erste Schritt zur wahren Gerechtigkeit!

Es geschah bei einer überkonfessionellen Abendveranstaltung für kirchendistanzierte Menschen. Kurz vor Beginn trommelte der Leiter alle Mitwirkenden des Vorbereitungs-Teams zum Gebet zusammen und auch mich als eingeladene Referentin. An der Gebetsgemeinschaft wurde rege teilgenommen. Doch dann betete plötzlich einer in selbstherrlicher Weise für die Verlorenen, die sich zu diesem Abend angemeldet hatten: „Gott, wir danken dir, dass wir nicht so sind wie die, die dich noch nicht kennen, und dass wir nicht so aussehen wie sie, denn sie sehen aus wie Autos, die gegen einen Baum gerammt sind!" Ich war fassungslos! Es gibt manche Charaktere, die wir abstoßend finden, doch kaum jemand ist so widerlich und unsympathisch wie ein arroganter, selbstgerechter Christ. Solche Menschen finden wir unausstehlich. Und stehen damit nicht allein (Sprüche 16,5)! Ironisch dabei ist, dass wir selbst ganz schnell in eine selbstgerechte Einstellung reinschlittern können, wenn wir solche Menschen dann in unserem Herzen verurteilen und als selbstherrliche Schnösel abstempeln. Spätestens, wenn uns das passiert, wissen wir, dass niemand von uns sich von Stolz ganz freisprechen kann.

Es gibt viele verschiedene Ausdrucksformen von Stolz und Vermessenheit. Zum Beispiel den Stolz der moralischen Selbstgerechtigkeit. Jeder, der glaubt, dass er auf irgendeinem Gebiet das moralische Recht besitze, schwelgt höchstwahrscheinlich in moralischer Selbstgerechtigkeit. Und je mehr Menschen um uns herum ein unmoralisches Leben führen oder billigen, umso leichter ist es, in die Sünde zu verfallen, sich moralische Überlegenheit und Selbstgerechtigkeit anzumaßen. Weil wir unserer Meinung nach nichts Schamloses oder Skandalöses getan haben, oder zumindest das Meiste richtig gemacht haben, fühlen wir uns vielleicht moralisch überlegen und schauen mit Geringschätzung oder sogar Verachtung auf andere herab. Durch diesen Geist der Selbstgerechtigkeit und Verachtung machen wir uns genauso schuldig wie derjenige, den wir für seine Sünden im Herzen verurteilen.

Jesus erzählte die Beispielgeschichte von einem arroganten Pharisäer bewusst „einigen Leuten, die voller Selbstvertrauen meinten, in Gottes Augen untadelig dazustehen" (Vers 9). Weil moralische Überlegenheit so geläufig unter uns ist, fällt es oft schwer, sie zu erkennen, weil wir sie alle gewissermaßen ausleben. Tatsache ist: Es bereitet uns manchmal sogar Freude, mit anderen über die Schlechtigkeit einer Person oder der Gesellschaft zu reden. Wenn wir solche Gedanken hegen, oder uns an solchen Gesprächen beteiligen, machen wir uns des Stolzes schuldig und maßen uns moralische Überlegenheit an. Wenn es uns tatsächlich gelungen ist, ein aufrichtiges Leben zu führen, dann haben wir dies Gott zu verdanken und nicht uns selbst. Keiner ist von Natur aus demütig und übt gerne Selbstkritik (Psalm 51,5). Statt uns über andere zu erheben, sollten wir äußerst dankbar sein, dass Gott uns vor einem selbstgerechten Lebensstil bewahrt oder davon befreit hat (2. Korinther 10,17-19). Wer das begriffen hat, stellt sich nicht über, sondern solidarisch zu anderen Menschen (Ezra 9,6; Nehemia 1,6-7). Solche Menschen finden Anerkennung bei Gott und bei Menschen. So lebt sich's gut.

Tipp

Die Fehler des anderen wissen wir schnell aufzuzählen, die eigenen geraten eher in Vergessenheit (Römer 2,21). Bitten Sie Gott diese Woche, Ihnen zu zeigen, welche Fehler er in Ihnen sieht und dass er Sie davon befreit. Die Einsicht in die eigenen Unvollkommenheiten ist die halbe Miete, um Stolz und Selbstgerechtigkeit zu überwinden.

Montag

Jakobus 4,6-7

1. Petrus 5,5

Es ist möglich, durch die Kraft des Heiligen Geistes, jede Art von Überheblichkeit abzulegen und Gottes Zuwendung und Wohlwollen zu genießen.

39. Woche

Selbstgerechtigkeit

Dienstag

1. Korinther 4,7

1. Samuel 2,3-8

Psalm 75,5-8

Lukas 10,17

Galater 6,3-5

Der Stolz auf die eigene Leistung zeigt sich darin, dass man seinen Erfolg sich selbst zuschreibt und ihn nicht als Geschenk Gottes sieht.

Mittwoch

1. Korinther 8

Römer 14

Der Stolz auf die vermeintlich einzig richtige Glaubenslehre zeigt sich in einem eigenwilligen Schwarz-Weiß-Denken, das keinen Spielraum für andere Meinungen gewährt: Hier die Richtigen, dort die Verkehrten. Verständigungsbemühungen oder Gesprächsbereitschaft gibt es nicht.
Wer nicht für uns ist, ist gegen uns.

Donnerstag

Hebräer 13,17

Sprüche 2,1 + 3,1

Jesaja 66,2

Die Selbstgerechtigkeit eines unbelehrbaren Geistes zeigt sich im Widerstand gegen Autoritäten, die Gott zu unserem Wohl eingesetzt hat.

Freitag

Matthäus 5,3

Markus 9,35

1. Korinther 13,4-5

Demut bedeutet nicht, eine negative Selbsteinschätzung zu haben, sondern uns so zu sehen, wie wir sind, nach dem Bild Gottes geschaffen und von ihm abhängig.

39. Woche

Selbstgerechtigkeit

Samstag

Sprüche 11,2

Sprüche 29,23

Jesaja 29,19

Sprüche 27,2

Wir sind nicht vollkommen, aber wir haben einen vollkommenen Gott, der uns vergibt und uns unseren Wert und unsere Würde gibt. Das befreit uns von dem Drang, uns selbst zu wichtig zu nehmen.

40. Woche

Stille

Matthäus 14,13

Eine gewisse Stille muss man wollen

Vor einiger Zeit habe ich mir mal vorgenommen, einfach nur still zu sein und Stille zuzulassen. Eigentlich ist das eine einfache Übung: sich ruhig hinzusetzen – im Wohnzimmer oder wo auch immer – und fünf Minuten lang nur ruhig zu sein und zu hören. Diese fünf Minuten können einem jedoch sehr lang erscheinen. Ich höre das Ticken der Uhr, das Vogelgezwitscher, das Brummen des Kühlschranks, das Knacken der Heizung und spüre sogar den eigenen Herzschlag. Stille lässt uns das wahrnehmen, was wir im Alltag oft überhören. Auf einmal fangen die Gedanken an zu reden. Wir erinnern uns und hören hin. Für Christen hat die Stille eine besondere Bedeutung, denn sie dient nicht nur dazu, um in sich selbst hineinzuhorchen, sondern noch viel mehr, um auf Gott zu hören und mit ihm zu reden. Die Stille sorgt für die passenden Voraussetzungen, um diese wichtigste Beziehung von allen zu pflegen, die unser Leben erfüllt und bestimmt.

Von Jesus lernen wir, dass er sich immer wieder an einsame Orte zurückzog, um zu beten. Er suchte Zeiten der Stille, Zeit mit seinem himmlischen Vater. Diese Zeit war ihm so wertvoll, dass er sich immer wieder dafür frei machte. Selbst auf dem Höhepunkt seiner Popularität, als Tausende von Menschen zusammenliefen, wo immer er nur auftauchte, entwich Jesus der Menschenmenge, um Zeit für Stille zu haben. Was er aus diesen Zeiten der Stille mitbrachte, hatte eine solche Ausstrahlungskraft, dass seine engsten Vertrauten ihn baten: „Herr, lehre uns beten!“ Sie hätten bestimmt auch sagen können. „Herr, lehre uns heilen, lehre uns, Wunder zu tun oder lehre uns, mit Vollmacht zu predigen!“ Das taten sie aber nicht, denn sie hatten erkannt, dass das Geheimnis Jesu in der ungestörten Gemeinschaft mit seinem himmlischen Vater lag.

Das Tor zur Stille ist die Sehnsucht nach dem Gott, der uns erlöst und befreit hat. Nach dem Gott, dessen Liebe unser Herz erobert hat und der uns verändern will. Leider gibt es immer wieder Dinge, die diese Sehnsucht zu unterdrücken versuchen. In meinem Leben entdecke ich einige Sehnsuchtskiller: Erstens, meine verkehrte Blickrichtung. Ich sehe zu schnell die Aufgabe und den Auftrag, statt auf den Auftraggeber ausgerichtet zu sein. Eine Aufgabe, die Gott mir anvertraut hat, kann mich so gefangen nehmen, dass sie mir wichtiger wird als die Gemeinschaft mit dem, der mich überhaupt erst dafür befähigen will, sie auszuführen. Zweitens, meine verkehrte Selbsteinschätzung: Ohne mich geht nichts. Das würde ich nie laut sagen, aber leider stelle ich öfters fest, dass ich so handle. Wer aber nicht loslässt, findet nicht zur Stille. Alles, was ich festhalte, bindet mich. Drittens, mein wankelmütiges Vertrauen. Hier liegt die Wurzel der verkehrten Selbsteinschätzung. Natürlich vertraue ich Gott, aber so manche Sache muss einfach noch gemacht oder ausprobiert werden, danach will ich mir gerne Zeit für Gott nehmen. Dabei lerne ich immer wieder neu, dass Gott andere Wege und Möglichkeiten kennt und dass er mit diesen immer zum Ziel kommt, wobei ich mit meinen „bewährten" Wegen oft in einer Sackgasse lande.

Es tut einfach gut, still zu werden und auf den zu hören, der der Weg, die Wahrheit und das Leben ist, und der uns begleiten, leiten und sogar hindurchtragen will auf unserem Weg durch das Leben. Aus der Kraft und Hoffnung heraus, die Gott uns in der Stille schenkt, gehen wir gute Wege und sind dabei selbst für andere Menschen Mut machende Wegbegleiter. So lebt sich's gut.

Tipp

Es geht nicht
nur darum,
Zeit für Stille zu finden,
sondern in der Stille
vor Gott zu verweilen.

Montag

Johannes 6,68

Wenn wir uns in der Stille Gott zuwenden, finden wir die Mitte unseres Lebens, sowie die Zuversicht, den Mut und die Perspektive, die wir für die Herausforderungen unseres Alltags brauchen.

Dienstag

Lukas 10,38-42

Stille verlangt eine Absage an viele Nebensächlichkeiten, die unseren Alltag füllen, aber auch die Aufgabe von so manch Wertvollem, das uns aber das Beste nimmt: die Zeit der Stille und die Kraft, die daraus fließt.

Mittwoch

Epheser 3,14-21

2. Mose 14,14

Die Kraft der Stille liegt in der wachsenden Erkenntnis, wer Gott ist und dessen, was er für uns bereithält und wie er uns hilft.

Donnerstag

Jesaja 30,15

Psalm 37,5

Die Stille ist auch das natürliche Umfeld, aus dem heraus wir sprechen. Nach den Worten des amerikanischen Theologen Cornelius Plantinga Jr. macht eine Kultur, die unsere Stille ausfüllt, uns orientierungslos, indem sie den Rahmen, die Basis und den Hintergrund entfernt, den wir benötigen, um verständlich hören und reden zu können.

Freitag

Psalm 36,9-10

Psalm 46,11

Wer Jesus nachfolgt, sehnt sich nach der Stille, weil er dort in besonderer Weise die Gegenwart seines Vaters im Himmel erlebt und sich selbst in einem neuen Licht sieht.

40. Woche

Stille

Samstag

Psalm 62

Psalm 27,4

Matthäus 11,28

Die Kraft der Stille liegt nicht in der Stille als solcher, sie liegt in Gott. Sie liegt in dieser persönlichen Begegnung, wo Gott seinen Finger auf die Wunden unseres Lebens legt und uns seine Heilung zuspricht.

41. Woche

Stolpern

Psalm 37,23-24

Wieder Aufstehen will gelernt sein

Nichts schadet unserer Würde so sehr wie das Stolpern. Ich habe gesehen, wie piekfein gekleidete Besucher auf dem Weg zum Veranstaltungsort auf die Nase gefallen sind. Ich war dabei, als begabte Musiker auf dem Weg zur Bühne gestolpert sind und ihre Noten aus den Händen verloren. Ich habe erlebt, wie manch eine elegante, respektierte Moderatorin Stufen oder Kabel übersehen hat und unglücklich hingefallen ist. Und ich werde nie vergessen, wie ich mich gefühlt habe, als ich selbst, von vielen Zuschauern beobachtet, viele Stufen am Kölner Bahnhof hinuntergepurzelt bin und als fremde Menschen mir danach meine davongeflogenen High Heels in die Hand drückten. Nichts ist peinlicher, als wenn wir der Länge nach auf unseren Stolz fallen. Eine unserer ersten Reaktionen ist dann, zu prüfen, wer alles unseren Sturz mitbekommen hat. In solchen Situationen würden wir am liebsten in den Boden versinken. Aber wissen Sie was? Die meisten Menschen reagieren voller Mitgefühl. Sie kennen unser Leid. Sie können sich mit uns identifizieren und bieten sofort Hilfe an. Und, was ich auch beobachtet habe, ist, dass alle Gestürzten auch wieder auf die Beine gekommen sind. Sie haben den peinlichen Augenblick abgeschüttelt und nach vorne geschaut.

In Jakobus 3,2 steht: „Denn wir alle straucheln oft!" Das heißt: Nobody is perfect! Straucheln ist normal. Es gehört zum Leben. Es erinnert uns daran, dass wir unvollkommene Menschen sind. Wir straucheln aber nicht nur auf Stufen, stolpern über Kabel oder rutschen auf Eis aus, sondern geraten auch beim Denken und Reden ins Schlingern. Obwohl wir Menschen viel Gutes und Gewinnbringendes initiieren, kurbeln wir auch manches Ungute, manches Missverständnis und manchen Reinfall an. Wie war das nochmal mit Eva? „Sie ließ sich täuschen und übertrat das Gebot Gottes" (1. Timotheus 2,14). Oder wie ist das mit der gefährlichen Macht unserer Zunge? „Sie ist nur klein und bringt doch gewaltige Dinge fertig" (Jakobus 3,5). Wenn es um unsere Zunge geht, machen wir oft Schnitzer, und das bringt dann Schuldgefühle mit sich (Jakobus 3,2-11).

Vielleicht sind Sie heute auch schon gestrauchelt? Vielleicht fühlen Sie sich deswegen schuldig und würden am liebsten das Gesagte oder Getane ungeschehen machen? Vielleicht sind Sie jetzt verzweifelt und entmutigt und wollen in Deckung gehen? Das müssen Sie nicht. Tatsache ist: Gott will uns gebrauchen, und zwar auch dann, wenn wir gestrauchelt sind. Allerdings wird er es nicht tun, wenn wir nicht wieder aufstehen und es versäumen, seine Vergebung anzunehmen. Vergessen Sie nicht, egal wie tief Sie fallen, Sie können niemals tiefer fallen als in seine Hand: „Der Herr hat Freude an einem redlichen Menschen und lenkt all seine Schritte. Er mag fallen, aber er stürzt nicht zu Boden; denn der Herr hält ihn fest an der Hand!" So lebt sich's gut!

Tipp Schütteln Sie den Schmutz Ihres Sturzes einfach mit der Verheißung von Gottes Vergebung ab und gehen Sie erhobenen Hauptes weiter. Und sollten gewisse Menschen Sie dennoch wegen Ihres Sturzes verleumden, dann ignorieren Sie sie. Diese Menschen haben vergessen, dass Jakobus 3,2 auch sie mit einschließt. Der einzige Unterschied ist, dass Sie es nicht mitbekommen haben, wo diese Menschen gestrauchelt sind.

41. Woche **Stolpern**

Montag

Philipper 2,13+15-16

Römer 2,13

Gutes Wissen ist nur dann nützlich im Kampf gegen das Straucheln, wenn es sich gestaltend in meinem Leben und in der Welt entfalten kann!

Dienstag

Psalm 119,102-108

Die geistliche Kraft in unserem Leben steht in einem parallelen Verhältnis zu dem Platz, den Gottes Wort in unseren Gedanken und in unserem Leben einnimmt.

Mittwoch

1. Johannes 3,18-24

1. Timotheus 1,19

Ein reines Gewissen bewahren heißt, dass wir der Wahrheit – also dem, was wir allein über uns selbst wissen – voll ins Gesicht schauen können und uns dabei für nichts schämen müssen. Und vergessen Sie nicht: Was bewirkt ein Schiffbruch, wenn Gott der Ozean ist!

Donnerstag

Psalm 40,4-5

Gott möchte die Saiten unseres Herzens so stimmen, dass wir erkennen, wie er die Dinge sieht, die in uns und um uns herum vorgehen. Er möchte uns die Fähigkeit geben, darauf richtig zu reagieren.

Freitag

Psalm 51

Schuld bekennen heißt: Gott sagen, dass wir das getan haben, was er ohnehin gesehen und gehört hat. Es geht also nicht so sehr darum, dass Gott es hören müsste, sondern dass wir es sagen. Ob die Sache zu klein zu sein scheint, um sie zu erwähnen oder zu groß, um dafür Vergebung zu erwarten, das müssen nicht wir entscheiden. Unsere Aufgabe ist es, ehrlich zu sein vor Gott und Menschen.

41. Woche

Stolpern

Samstag

Psalm 32

Umkehr beginnt, wenn ich zugebe, dass ich mich verlaufen habe.

42. Woche

Streitkultur

Epheser 4,25-32

Wer sich liebt, streitet auch – aber wie?!

Streiten ist nicht ungewöhnlich. Viele Menschen streiten sich. Man kann und muss nicht immer einer Meinung sein. Wenn wir bei jeder Auseinandersetzung immer gleich einer Meinung wären, dann würden wir niemals eine Horizonterweiterung erleben. Das Ziel einer Beziehung ist nicht „gleich" zu denken, sondern „gemeinsam" zu denken. Wichtig ist, dass Konflikte unter uns in einer versöhnlichen Haltung ausgetragen werden, dass wir uns nicht das Recht herausnehmen, anderen Menschen ihre Würde zu nehmen oder ihnen den Glauben abzusprechen. Das gilt für jeden, egal um welches Thema es geht. Finanzen, Erziehungsfragen, Macht und Autorität, Zeitpläne und Prioritäten, persönliche Angewohnheiten, Überzeugungen oder Vorlieben ...

Das Problem ist nicht der Streit als solcher, sondern dass er oft stattfindet, weil einer der Beteiligten aggressiv, unzufrieden, schlecht gelaunt oder regelrecht streitsüchtig ist. Im Streit zeigen Menschen oft ihren wahren Charakter. Manche entpuppen sich als Schmoller. Sie reagieren wie ein einziger stummer Vorwurf. Andere sind Gefühlsverdränger oder Zyniker, die dem Streitpartner gekonnt die Worte im Mund umdrehen. Wieder andere sind Choleriker, denen es egal ist, ob ihre Argumente Sinn machen oder nicht. Und dann sind da noch die Nachtragenden zu nennen, die immer darauf bestehen, Recht zu haben. Folglich ähneln manche Auseinandersetzungen einem langen, kalten Krieg in stoischer Stille. Bei anderen dagegen werden gemeine Methoden angewandt, wie zum Beispiel öffentliche Kritik und Beleidigungen, oder es werden falsche Ziele verfolgt, z.B. das eigene Verhalten zu rechtfertigen, zu beweisen, dass man Recht hat, seinen Willen durchzusetzen, das letzte Wort haben oder den anderen verändern zu wollen. Solche Taktiken sind weit verbreitet, aber falsch. Keiner gewinnt, beide Kontrahenten verlieren!

In Epheser 4 finden wir fünf gute Regeln für den fairen Streit: Erstens, bei der Wahrheit bleiben (Vers 25). Wenn wir verärgert sind, müssen wir besonders darauf achten, dass wir bei den Tatsachen bleiben: nicht verallgemeinern, übertreiben oder untertreiben, damit wir glaubwürdig bleiben. Zweitens, nicht außer Kontrolle geraten (Vers 26a). Sich ärgern ist an sich nicht falsch, aber es darf nicht zu unkontrollierten Wutausbrüchen kommen. Zorn belastet unsere Beziehungen, wenn wir unseren Ärger als Waffe benutzen, um den anderen zu bestrafen oder zu verletzen. Es ist in Ordnung, gegen ein Problem zu sein, aber nicht gegen einen Menschen. Drittens, nicht nur wie wir streiten ist wichtig, sondern auch wann (Vers 26-27). Es geht darum, dass wir unseren Zorn nicht von Tag zu Tag mitschleppen und bitter werden, sondern dass wir – sobald wie möglich – die Versöhnung suchen. Viertens, in einer Beziehung nicht wie ein Dieb leben (Vers 28). Diebstahl kann in unterschiedlichen Bereichen stattfinden. Hier geht es um das Prinzip, dass wir nicht nur nehmen, sondern auch in der Lage sind zu geben, nicht nur kritisieren, sondern auch nach Lösungen suchen, nicht nur Freundlichkeit, Verständnis oder Vergebung einfordern, sondern auch bereit sind, dasselbe in eine Beziehung zu investieren. Fünftens, den Streit sauber halten (Vers 32). Wenn der Streit zu Ende ist, dann müssen beide Parteien sich gegenseitig vergeben und wieder freundlich aufeinander zugehen. Diese Aufräumarbeiten sind wichtig, denn die Luft muss wieder rein sein. So lebt sich's gut.

Tipp Wenn Sie in einem Streitgespräch geschlagen sind, geben Sie auf. Seien Sie ein guter Verlierer.

Montag

Sprüche 15,1

Sprüche 17,19

Es ist einfach, verärgert zu sein, aber verärgert zu sein wegen der richtigen Person, im richtigen Moment, zur richtigen Zeit und auf die richtige Art – das ist schwer.

Dienstag

Sprüche 28,25

2. Timotheus 2,23-26

Die Harmonie zwischen Menschen ist niemals automatisch gegeben. Sie muss immer wieder neu erobert werden.

Mittwoch

Jakobus 4,1-6

Ziel einer Auseinandersetzung soll nicht der persönliche Sieg, sondern das Wohl der Allgemeinheit und der Fortschritt sein.

Donnerstag

Sprüche 13,10

Sprüche 18,19

Wenn wir Menschen im Zorn verletzen oder kränken, ist es schwierig, sie wieder zu gewinnen. Verletzte Menschen reagieren bekanntlich empfindlich.

42. Woche

Streitkultur

Freitag

Sprüche 10,12

Wenn wir lieben, suchen wir zuerst die Schuld bei uns, nicht beim anderen.

Samstag

1. Korinther 6,1-8

Sprüche 15,18

Es sind die kleinen „Rechthabereien“, welche gute Beziehungen zerstören und dem Frieden keine Chance geben.

43. Woche

Teamarbeit

Johannes 4,35-38

Ein Ja zum Nächsten

Unser Engagement im Reich Gottes ist nicht nur sinnvoll und erfüllend, es verbindet uns auch mit anderen Menschen. Der eine sät, ein anderer erntet. Beide Aufgaben sind wichtig, beide machen Freude. So ist Teamarbeit. Gott dienen verbindet. Doch genau dieses Prinzip des Dienens kommt oft zu kurz, wenn es darum geht, ein Zeugnis für Jesus in unserer Umgebung zu sein. Dabei kommt es doch darauf an, zusammenzuarbeiten, um effektiv zu sein. Die Kehrseite unserer fortschrittlichen Welt ist die Tatsache, dass sie uns den Individualismus beigebracht hat, der nach der Vorgabe funktioniert: „Mach du dein Ding, ich mache meins." Dieser Individualismus funktioniert vielleicht gut beim Kauf von Kleidung, denn jeder von uns möchte ja sein eigenes Outfit haben. Und mein Outfit soll sich von allen anderen unterscheiden. Solange es nur um Kleidung geht, ist das kein Problem. Wenn es allerdings um die „Feldarbeit" geht, die uns von Gott aufgetragen ist, dann wird der Individualismus zur Qual, denn in der Bibel finden wir keine Unterstützung dafür.

In der Bibel ist die Rede von einem Team, von einem Leib, von einer Einheit, die zusammen eingesetzt worden ist, um gute Ziele zu erreichen. In Epheser 6 werden wir alle aufgefordert, die „geistliche Waffenrüstung" anzuziehen, denn nur, wenn wir gut gerüstet sind, können wir gemeinsam das Böse überwinden, den Kampf gewinnen und Gottes Ziele erreichen. Die Stärke der römischen Armee lag damals darin, dass sie Schild an Schild, Seite an Seite als eine gemeinsame Truppe ihre Aufgaben, ihren schweren Kampf anpackte. Sie waren bestens trainiert, sich in Gruppen von Legionären zu bewegen und Ziele anzugehen. Alles spielte sich gemeinsam ab. Zusammen waren sie stark. Wenn wir uns nicht als Team, als eine Einheit sehen, dann werden wir als Einzelkämpfer irgendwann unsere Freude an einer Sache und an den Menschen verlieren und damit auch unsere Kraft und Hingabe. Wenn vieles, oder sogar alles, an uns hängen bleibt, dann werden wir uns mit unserer „Feldarbeit" überfordert fühlen. Andererseits werden wir auch die Effektivität der Teamarbeit verhindern, wenn wir selbst alles an uns reißen – nach dem Motto: Ohne mich läuft nichts – und meinen, wir müssten alles aussäen, gießen und ernten.

Keiner kann alles. Keiner muss alles können. Keiner soll alles selbst machen! Wenn wir das nicht so sehen, dann haben wir Gottes Prinzipien von Teamarbeit nicht verstanden. Wir alle sind Teil eines Teams, und wir können uns alle auf unser Team verlassen, das Gott zusammengestellt und ausgerüstet hat. Gott ist ein genialer Teamchef. Er weiß genau, wen er wo und wie einsetzen kann. Und er weiß auch wann. Manche werden früh, andere später im Leben eingesetzt. Mal heißt es: jetzt, ein anderes Mal: jetzt nicht mehr. Oder: Jetzt ist jemand anderes auf dem Feld dran, deine frühere Arbeit zu tun. Teams müssen ständig neu zusammengestellt und angepasst werden. Das ideale Team von heute kann morgen bereits überholt sein, wenn andere Gaben und Erfahrungen gefragt sind. Nur Gott hat den Überblick auf jedem „Feld". Er kennt sich mit der Ernte aus. Er weiß, was wann und wo geerntet werden muss. Er weiß, wie die Ernte gut eingebracht werden kann. Wir können sicher sein, dass er die passenden und nötigen Leute zur rechten Zeit beruft und sie für ihre Aufgaben befähigt. So lebt sich's gut.

Tipp

Letztlich kommt es nicht auf uns Menschen an,
nicht wir sind die Macher, sondern Gott.
Er ist das Zentrum unseres Teams.
Wenn wir auf ihn ausgerichtet sind,
werden wir auch im Team zueinander und miteinander wachsen.
Ihm dürfen wir vertrauen, auch wenn es schwierig ist.

Montag

Epheser 4,7-10

Wenn wir unseren Teil tun, dann wird Gott seinen Teil tun. Wenn wir nicht mehr und auch nicht weniger tun als das, was Gott von uns persönlich verlangt, dann können wir entspannt sein und unserem Team volles Vertrauen schenken.

43. Woche **Teamarbeit**

Dienstag

Epheser 4,15

Johannes 17,21

Johannes 13,34-35

Jesu größter Wunsch war und ist die Einheit seiner Kinder. Er möchte, dass wir eins werden, weil unsere Einheit die Realität der Liebe Gottes ganz besonders klar und deutlich bezeugt. Die Einheit unter uns schafft eine Umgebung, in der die Botschaft der Bibel am klarsten wirken kann.

Mittwoch

Römer 12,10+16

Vertrauen zu Gott, zu uns selbst, zu unserem Team und zu unserer „Feldarbeit" werden unser Antrieb sein, auch dann, wenn wir undankbare Aufgaben zugeteilt bekommen.

Donnerstag

Epheser 4,1-6

Einheit sieht die Übereinstimmungen: eine Gemeinschaft, ein Glaube, ein Herr und ein Geist. Die Einheit, die Gott schenkt, ist größer und wichtiger als alle Unterschiede.

Freitag

Prediger 4,9-12

Wenn wir schnell vorwärtskommen wollen, dann sollten wir allein gehen. Wollen wir weit kommen, dann sollten wir mit anderen zusammen gehen.

Samstag

Matthäus 10,40-42

Psalm 133

Wenn wir offen sind für die Menschen, die Gott zusammen mit uns in ein Team gestellt hat, dann sind wir auch offen für das, was Gott mit uns vorhat. Dann werden wir Großes mit Gott erleben.

44. Woche

Trägheit

Sprüche 22,13

Fleiß lebt von der Eigeninitiative

Es gibt Menschen, die uns enttäuschen können. Zum Beispiel der Schwiegersohn, dem wir zum Geburtstag ein technisches Gerät kaufen, der aber dieses Gerät – das ihm leider nicht gefällt – nicht rechtzeitig umtauscht, weil er zu träge ist, um in die Stadt zu fahren. Oder der arbeitsscheue Teenager, der ziellos in den Tag hineinlebt und es wiederholt versäumt, seine Aufgaben für die Schule zu erledigen. Oder eine arbeitslose Schwester, der wir einen Einkaufswagen voller Lebensmittel bringen, um ihr eine Freude zu machen, die aber diese Lebensmittel verfaulen lässt, weil sie zu bequem ist, diese zu verarbeiten. Solche Erfahrungen mit Menschen sind ärgerlich. Aber wie können wir uns nahestehenden Menschen deutlich machen, dass sie faul, trödelig oder Drückeberger sind?

Auch wenn wir persönlich nicht immer den Mut finden, solche negativen Charaktereigenschaften anzusprechen, die Bibel tut es! Zu den schlimmsten Dingen, die nicht nur „den anderen", sondern auch uns passieren können, gehört, dass wir die wichtigen Dinge des Lebens einfach laufen lassen. Alles, was sich selbst überlassen bleibt, wird jedoch langsam aber sicher abgleiten, sich verschlimmern oder an Wert verlieren. Wenn wir nichts gegen Trägheit, Bequemlichkeit oder Selbstgefälligkeit tun, müssen wir uns von Träumen verabschieden. Wir gewöhnen uns an den Status quo und begrüßen den Verfall. Nur weil gestern noch alles in Ordnung war, heißt das nicht, dass es morgen genauso weitergehen wird. Laut Salomo müssen wir täglich auf der Hut sein, um frühe Zeichen von Verfall zu erkennen und zu bekämpfen. Das kann eine Gleichgültigkeit gegenüber ungelösten Beziehungsproblemen oder ein Mangel an Zufriedenheit sein. Es kann eine Gleichgültigkeit gegenüber Gottes Schöpfung oder unserem Besitz sein.

Jemand, der in der Antike ein Stückchen Land besaß, galt als gesegnet. Er hatte mit seinem Landbesitz die besondere Chance, glücklich und zufrieden zu werden. Wer das verkannte, verspielte seine Chance. Jeder von uns hat von Gott ein „Stückchen Erde“ bekommen: einen Körper, einen Verstand, einen Willen, einige Beziehungen, etwas Geld, die Möglichkeit, Gutes zu tun, eine Seele. Darüber hinaus hat Gott uns auch noch seine Hilfe bei der Pflege unseres „Landes“ angeboten. Die Frage ist: Was machen wir mit dem, was Gott uns anvertraut hat? Verstehen wir uns als Haushalter, die zum „Pflegedienst“ an unseren Mitmenschen, an aller Kreatur und an der ganzen Schöpfung aufgefordert sind? Verstehen wir uns als Verwalter, die dem Auftraggeber – Gott – Rechenschaft schuldig sind? Vielleicht gibt es ein Stückchen „Erde“, über das Sie nicht gerne reden und wo das Unkraut inzwischen ganz schön hoch aufgeschossen ist? Vielleicht sind Sie zum Beispiel ein Vater, der fixiert ist auf seinen beruflichen Erfolg, aber kein Herz mehr hat für seine Kinder. Vielleicht sind Sie eine Mutter, die sich rührend um ihr Haus und um ihre Kinder kümmert, aber deren Seele dabei ist zu verkümmern, weil sie die Gemeinschaft mit Gott schon lange nicht mehr gesucht hat. Die meisten Menschen haben mindestens ein Gebiet, auf dem sie die Dinge einfach laufen lassen. Wenn Sie ab heute positive Änderungen erleben wollen, wird Ihnen der Blick auf die Bibeltexte in dieser Woche weiterhelfen. So lebt sich's gut!

Tipp

Wenn Sie wissen, was Sie tun sollen,
verschieben Sie es nicht auf morgen.
Reden Sie mit Gott über die Bereiche in Ihrem
Leben, wo die Mauern eingestürzt sind.
Bitten Sie Gott um Vergebung und um seine Hilfe.
Gott gibt Ihnen gerne eine neue Chance, ein guter Verwalter
dessen zu sein, was er Ihnen anvertraut hat.

44. Woche

Trägheit

Montag

Sprüche 13,4

Wer Fleiß sät, erntet Gutes und Zufriedenheit.

Dienstag

Sprüche 27,23-27

Menschen, die Bequemlichkeit und Gleichgültigkeit bekämpfen und bewusst und achtsam mit ihrem Besitz umgehen, gelten als weise, lobenswert und nachahmenswert.

44. Woche

Trägheit

Mittwoch

Sprüche 24,30-34

Müßiggang – oder im schlimmsten Fall ein Lotterleben – kann alles in unserem Leben ruinieren: Freundschaften, unsere Familien, Finanzen, Arbeit und vieles mehr.

Donnerstag

Sprüche 26,16

Selektive Trägheit ist gerade deshalb so gefährlich, weil wir trotz des Unkrauts in einigen Lebensbereichen zeitgleich auf so viele andere Bereiche in unserem Leben schauen können, wo es wirklich gut läuft. Das kann uns selbstzufrieden und betriebsblind machen.

44. Woche

Trägheit

Freitag

Sprüche 6,6-11

Fleiß lebt von Eigeninitiative.

44. Woche *Trägheit*

Samstag

Kolosser 3,23

Sprüche 3,9-10

1. Korinther 6,19

Matthäus 6,16

Johannes 3,16-21

Gott lädt uns ein, seine Hilfe in verschiedenen Bereichen in Anspruch zu nehmen und aktiv zu werden.

45. Woche

Trotz und Missachtung

Römer 1,28-32

Wir ernten, was wir säen!

Trotz kann so klein und versteckt – und manchmal auch lustig – sein, wie die Trotzphase eines Kleinkindes. Als unsere Söhne noch sehr klein waren und wir sie wieder einmal zum Abendessen riefen, kam nur einer. Der andere weigerte sich. Nachdem wir unsere Einladung mehrmals wiederholt hatten, rief mein Mann: „Ich zähle jetzt bis drei, und dann bist du auch am Tisch!" Mein Mann fing an zu zählen: „Eins … zwei …", und plötzlich rief unser Sohn ganz laut: „Vier, ätsch, du hast die drei verpasst!" Da waren wir wie vom Donner gerührt! Wir waren sprachlos und ein bisschen beeindruckt von der Schlagfertigkeit eines 4-Jährigen und konnten in dem Moment nichts anderes tun als zu lachen. Trotz kann aber auch so hässlich sein wie ein Terroranschlag mitten im Stadtzentrum oder sehr erschreckend, wenn man durch die Nachrichten mitbekommt, wie viele Menschen sich nach einer Katastrophe in einer Region sammeln – nicht unbedingt, um zu helfen, sondern um Geschäfte zu plündern und damit bestehende Ordnungen und Besitzverhältnisse zu eigenen Gunsten zu missachten.

Trotz und Missachtung machen auch keinen Halt vor Gott und seinem Willen. In Römer 1,28-32 geht es um Menschen, die Gottes moralischen Willen genau kennen, aber trotzdem nicht tun. Das ist harter Tobak! Diese Verse liefern uns einen aktuellen Bericht über die Ausmaße von Trotz heute. In der Bibel ist öfters die Rede von Missachtung, von Trotz, von einem trotzigen Herzen gegenüber Gott und auch darüber, dass Gott Trotz nicht auf die leichte Schulter nimmt. Gott ist beharrlich, wenn es darum geht, Trotz auszumerzen. Er will seine geliebten Kinder nicht ins Messer laufen lassen. Er weiß, dass die Samen, die wir säen, irgendwann wachsen. Manche Samen werden groß und bewirken Taten, die sehr wehtun.

Trotz beginnt mit Egoismus, mit einer Denkweise, die sowohl bei Kindern als auch bei Erwachsenen auftauchen kann. Der erste Gedanke ist: Ich will meinen Willen durchsetzen. Das ist Egoismus. Der zweite Gedanke ist: Ich werde nicht aufgeben, bis ich meinen Willen kriege. Das ist Sturheit. Der dritte Gedanke ist: Ich will meinen Willen, egal was passiert. Das ist Gleichgültigkeit. Der vierte Gedanke ist: Ich lasse mir nichts sagen, von keinem, auch nicht von Gott. Das ist Trotz und Missachtung. Der fünfte Gedanke ist: Mir sind die Konsequenzen egal. Das ist Verachtung, nicht nur Missachtung. Diese Einstellungen: Ich will, was ich will, ich werde nicht aufgeben, es zu wollen, mir ist egal, wen ich dabei verletze, ich werde nicht auf Rat hören, mir sind die Konsequenzen egal – das sind die Gedanken, die Worte und die Taten eines trotzigen Menschen. Sie bringen keine guten Früchte, sondern Dornen hervor, wie zum Beispiel: Lieblosigkeit, eine Leidenschaft, die wir nicht im Griff haben, eine Zunge, die Menschen beleidigt, häuslichen Unfrieden, ein schlechtes Zeugnis für Gott und seine Gemeinde. Das sind alles Dinge, die uns und unsere Beziehungen kaputtmachen.

Das Gute bei alldem ist, wir brauchen nichts schönreden in unserem Leben, es auch nicht wegzurationalisieren. Wir können zu jeder Zeit diese Dinge beim Namen nennen und Gott sagen, dass es uns leidtut und dass wir ihn brauchen. Wir brauchen ihn, um uns davon zu befreien. Das will er liebend gern tun und uns das alles nie wieder vorhalten. Er will unseren Egoismus, unsere Sturheit, unsere Gleichgültigkeit und unseren Trotz durch Vergebung ersetzen. Er hat so viel Freude daran, uns Gutes zu tun, denn er will uns segnen und zum Segen setzen an dem Platz, den er für uns bestimmt hat. So lebt sich's gut!

Tipp

Machen Sie den „Trotz-Test“ mit.
Fragen Sie sich: Will ich etwas, das nicht gut ist?
Will ich etwas nicht aufgeben, das nicht gut ist?
Lasse ich mich diesbezüglich auf ein Gespräch, einen guten Rat oder die Korrektur Gottes ein? Glaube ich, dass Gott mich so sehr liebt und noch so viel mit mir vorhat, dass er alles tut, um mich zurückzugewinnen (2. Petrus 3,9)?

Montag

1. Könige 11,1-13

Trotz handelt immer bewusst gegen Gottes Willen, niemals unbewusst oder aus Unwissenheit.

Trotz und Missachtung

Dienstag

Richter 2,18b-23

1. Könige 11,14-33

Schwierigkeiten und schwierige Menschen sind oft eine Einladung Gottes an uns, im Glauben zu wachsen.

Mittwoch

Lukas 17,11-19

Wir nehmen Gottes Segen gerne an, haben aber nicht immer Interesse am Helfer selbst und an seinen Erwartungen an uns.

Donnerstag

5. Mose 17,14-20

1. Könige 10,14-29

Matthäus 6,19-21

Alles, was wir haben und besitzen, und auch alles, was wir sind – oder besser: was wir zu sein meinen – kann uns von einem Tag auf den anderen genommen werden – außer der Liebe. Sie ist wie ein Schatz, der uns bis zum letzten Atemzug erhalten bleiben kann.

45. Woche

Trotz und Missachtung

Freitag

1. Samuel 15,22-26

1. Könige 11,9-11

Ein guter Anfang im Leben heißt nicht automatisch, dass ein gutes Ende folgt, wenn man gegen Gott trotzig wird.

45. Woche

Trotz und Missachtung

Samstag

2. Timotheus 3,1-5

Jesaja 58,6b-12

Galater 6,7-8

*„Die Dornen, die ich erntete, sind von dem Baum, den ich gepflanzt.
Sie rissen meine Haut, dass ich blute.
Ich hätte wissen sollen, welche Frucht aus solchem Samen wächst."*
George Gordon Byron

46. Woche

Überlebenskrise

2. Korinther 1,3-4

Ein Störfaktor mit Potenzial

Manchmal zeigt sich das Leben von seiner Sonnenseite: Alles ist ruhig und geregelt und könnte gerne so bleiben wie es ist. Wir summen bei der Arbeit vor uns hin, es gibt keine Hektik, keine Fristen, keinen Frust. Wir kennen keine Ängste, keine Zweifel und der Tod, der ist weit weg! Wir fühlen uns gesund, geliebt und gebraucht und denken, nichts könne uns aufhalten. Und dann plötzlich gerät unsere heile Welt auf einen Schlag ins Wanken. Es passiert etwas, das uns völlig aus der Bahn wirft: Wir werden krank, verlieren unseren Arbeitsplatz, unsere Sicherheit oder jemanden, der uns viel bedeutet hat. Von jetzt auf gleich fühlen wir uns unendlich verloren. Unsere erste Reaktion ist dann oft: Warum ich? Warum jetzt? Warum auf diese Weise? Und vor allem: Was soll ich jetzt tun? Obwohl wir wissen, dass unser Leben auf dieser Erde aus einer Kette von Herausforderungen, Problemen, Enttäuschungen und Krisen besteht, reden wir uns ein, dass diese Dinge immer nur die anderen treffen. Aber wenn die Krise an unsere eigene Tür klopft, dann fangen wir oft an, über unser Schicksal zu jammern. Wir schildern Gott unser Missgeschick so vorwurfsvoll, als wüsste er nichts davon. Wir lassen uns von der Krise vereinnahmen und vergessen, dass Gott größer ist als jede Krise.

Dabei birgt jede Krise in unserem Leben auch enorme und nachhaltige Chancen (1. Petrus 1,6-8). Laut Bibel sind „Störfaktoren" in unserem Leben kein Zeichen dafür, dass wir gestörte Menschen wären, sondern sie gehören zu einem gelingenden Leben (Jakobus 1,2-4). Krisen führen uns dahin, wo wir alte Einstellungen verlernen und neu denken lernen müssen. Sie läuten eine Zeit ein, in der wir die Chance haben, neu mit Gott in Kontakt zu treten. Eine Zeit, in der wir begreifen, dass wir verwundbar sind, dass nicht wir der Regisseur unseres Lebens sind, sondern Gott. Wir selbst haben die Wahl, wie wir Krisen bewältigen wollen: Wir können leugnen, dass die Dinge nicht mehr so sind, wie sie bislang waren, wir können mit unserem Schicksal oder mit Gott hadern und unseren negativen Gefühlen freien Lauf lassen – oder uns neu orientieren.

Wer das Letztere tut, sucht nach Lösungsmöglichkeiten, arrangiert sich mit der neuen Situation und blickt mit Gottes Hilfe nach vorne. Wenn unser Leben unerwartet eine neue Laufrichtung erhält, ist es gut, wenn wir uns nochmal fragen: Wer bin ich? Wie lebe ich? Woran mache ich mein Leben fest? Was glaube ich? Was muss ich ändern? Dabei werden wir Entscheidendes neu entdecken. Wir werden unser Leben mehr schätzen, uns selbst nicht mehr so wichtig nehmen, den Sinn des Lebens wieder in unserer Beziehung zu Gott suchen und unseren Glauben vielleicht zum ersten Mal oder erneut finden. Gerade für Christen bedeuten Krisen immer wieder besondere Zeiten der Entscheidung in ihrer Beziehung zu Gott. Wir lernen: Wer Christ ist, erlebt nicht nur sonnige Tage (Matthäus 5,45), ist nicht immer gesund und erfolgreich. Er hat auch Probleme und hat sein Leben nicht selbst in der Hand. Aber wir wissen, dass wir in Krisen nicht allein sind. Wir wissen, dass Gottes Barmherzigkeit unerschöpflich ist und er uns auch im tiefsten Zweifel nicht verlässt. So lebt sich's gut.

Tipp

Vergessen Sie nie,
auch wenn manche Krisen für uns
keinen tieferen Sinn zu haben scheinen,
Krisen sind eine Chance für uns,
Gott zum ersten Mal oder auch ganz neu
zu begegnen und bei ihm Trost zu finden,
um dann auch andere trösten zu können –
auch über unsere Krise hinaus.

Montag

Psalm 27,5-6

Psalm 23

Römer 5,3-5a

In Krisenzeiten lernen wir Gott kennen. Im Tal des Todes werden wir zusammengeschweißt. Und immer wird dabei in uns etwas erneuert. Wenn wir wissen, dass Gott etwas mit den Krisen in unserem Leben beabsichtigt, können wir uns positiv zu ihnen stellen und müssen nicht an Gottes Motiven zweifeln.

Dienstag

Hiob 38 + 39

Hiob 42,1-7

Apostelgeschichte 17,27

Wenn uns die Frage nach dem Warum umtreibt, verdeutlicht Gott uns, dass er allmächtig ist, souverän bleibt und uns ermutigt, ihm zu vertrauen. Er macht uns deutlich, dass er viel näher am Schauplatz unseres Leides ist, als wir glauben.

Mittwoch

1. Könige 19,1-18

Wenn unsere Kraft am Ende ist, besteht Gottes Behandlung darin, uns körperlich, seelisch und in der Beziehung zu ihm zu stärken, damit die Verzweiflung weicht und Raum für Neues entsteht. Aber dafür müssen wir erst einmal zur Ruhe kommen.

Donnerstag

Römer 8,26-28

Markus 14,32-41

Wenn unsere Gebete scheinbar unerhört bleiben, lässt Gott uns beim Beten nicht im Stich. Er sieht die momentanen Umstände als Ganzes – in Vergangenheit, Gegenwart und Zukunft, und deswegen können wir uns in Gottes Pläne ergeben, auch wenn es durch schwere Krisen geht.

Freitag

Matthäus 11,4-5

Offenbarung 21,4-5

Wenn Krisen unvermeidlich sind und sie sich nicht zum Guten wenden, können wir dennoch Gott vertrauen, anstatt uns zu ärgern, denn der Tod hat nicht das letzte Wort. Er ist nur die Grenze des irdischen Leides.

46. Woche **Überlebenskrise**

Samstag

Psalm 46,2-4

Matthäus 28,18

Gottes Allmacht bedeutet nicht, dass Gott alles macht. Aber er macht alles, damit wir genau dort sind, wo er uns helfen, segnen und zum Segen setzen kann.

47. Woche

Unsere Bestimmung

1. Mose 1,26-28

Gott lieben und das Leben gestalten

Wer ein schwieriges Legomodell bauen will, benötigt dafür eine Anleitung oder ein Bild des Modells vom Hersteller, damit es am Ende auch richtig funktioniert. Genauso brauchen wir Menschen Anleitung unseres Schöpfers für unsere Bestimmung. Wenn wir diese nicht zu 100 % beherzigen, kann das sehr schnell unser Leben und das Zusammenleben mit anderen Menschen belasten oder zerstören. Die Ansichten über die Rollen von Frauen und Männern in der Gesellschaft und in den Kirchen unterliegen einem ständigen Wandel. Sie weichen außerdem in den verschiedenen Kulturen und Religionen weit voneinander ab. Wenn wir es Menschen, Traditionen oder Kulturen überlassen, zu definieren, wie wir leben und arbeiten sollen, dann führt das zu Konflikten und viel Leid. Die Absicht Gottes für Frau und Mann bleibt hingegen unverändert. Sie ist unabhängig von äußerlichen Bedingungen. Sie ist so ewig wie er selbst.

Als Gott uns Menschen als Mann und als Frau schuf, hatte er zweierlei Absichten: Erstens Gemeinschaft, denn weil Gott uns liebt, möchte er seine Liebe mit uns teilen. Zweitens hat er einen Auftrag für uns. Wir sollen uns um seine Welt kümmern, sein Reich hier auf Erden bauen. Das ist das Lebenswerk, zu dem wir geschaffen worden sind. Als Gott sagte: „Nun wollen wir Menschen machen, ein Abbild von uns, das uns ähnlich ist …“, sagte Gott mit anderen Worten: Lasst uns jemanden machen, den wir lieben können und ihn „Mensch“ nennen, und weil er der Empfänger unserer Liebe sein wird, machen wir ihn zu unserem Abbild. So wurde der Empfänger wie der Geber und konnte diese Liebe erwidern. Und da Gott Geist ist (Johannes 4,24), hat er uns Menschen als mit Geist begabte Wesen geschaffen, mit Herz, Seele, einer inneren Persönlichkeit. Diesen „Geist-Menschen“ legte er in zwei verschiedenen physischen Formen an: männlich und weiblich. Der „Geist-Mensch“ an sich ist weder Mann noch Frau. Doch damit Gott seine ewigen Absichten erfüllen konnte, schuf er zwei physische Formen, um die

Gesamtheit, die Einheit und das Wesen des Menschen auszudrücken. Was beide, Mann und Frau, ausmacht, ist der Geist in ihnen.

In der Bibel ist es so, dass der „Geist-Mensch" gemeint ist, wenn Gott den Menschen anspricht (Epheser 3,16; Galater 3,26-28). Wir sind oft mit dem äußeren Erscheinungsbild von Mann und Frau beschäftigt und nicht mit dem „Geist-Menschen" – der inneren Person. Wenn Gott uns anspricht, richtet er sich an unsere innere Person, den Geist – weil er selbst Geist ist. Wir, seine Kinder, sollen ihn im Geist und in der Wahrheit anbeten (Johannes 4,24), nicht mit unserem Geschlecht oder Status. Der „Geist-Mensch" in mir und in meinem Mann steht jeweils eigenständig in der Verantwortung vor Gott (Römer 14,10+12). Deswegen ist es, „geistlich gesehen", nicht so wichtig, ob wir Frau oder Mann sind, sondern wie wir als „Geist-Mensch" in der Verantwortung vor Gott leben. Das wahre Ich ist der „Geist-Mensch". Unabhängig davon, wie andere denken und leben, sind Männer wie Frauen für ihre Beziehung zu Gott verantwortlich. Und beide sind geschaffen worden, um im Sinne Gottes über die Erde zu „herrschen". Nicht nur über die physische Welt, sondern wir sollen auch Gottes Absichten im geistlichen Reich widerspiegeln (Epheser 3,10-11). Gottes ewige Absicht ist, dass die ganze spirituelle Welt und alle finsteren Mächte durch uns, seine Kinder, seine Weisheit und Realität erkennen. Was für eine unglaubliche Bestimmung und was für ein großartiger Auftrag! So lebt sich's gut.

Tipp

Wie können Sie sich
noch mehr um Gottes Welt im
physischen und geistlichen Sinne
kümmern, sprich da, wo Sie leben,
ein „Stückchen Himmel auf Erden" bringen?

Montag

Römer 8,9-11

Der „Geist-Mensch" lebt nach dem Tod weiter, wenn der Mensch durch Jesus gerecht gesprochen ist. Der „Geist-Mensch" wird durch den Heiligen Geist vom Tod erweckt, wie Jesus auch vom Tod erweckt worden ist. Der Heilige Geist lebt in uns und macht unseren sterblichen Körper lebendig.

47. Woche *Unsere Bestimmung*

Dienstag

Epheser 3,16

Galater 3,26-28

2. Korinther 3,3

Wenn Menschen wissen wollen, wie Gott ist und was er vollbracht hat, sollen sie Gottes Kinder anschauen. Spiegeln wir wider, dass wir Gottes Ebenbild sind?

47. Woche

Unsere Bestimmung

Mittwoch

Joel 3,1-2

1. Mose 12,1-3

2. Mose 31,3-5

1. Korinther 12,11

Gott verspricht, über seine Kinder natürlichen und geistlichen Segen großzügig auszuschütten, unabhängig von Geschlecht, Alter oder Status, damit wir von ihm und seinen Taten reden.

Donnerstag

Apostelgeschichte 2,1-18

Galater 3,28

Offenbarung 7,9-17

Männern und Frauen ist ein neues Leben, ein neues Sein, eine neue Identität in Jesus geschenkt worden. Männer und Frauen, Alte und Junge aus allen Nationen, unabhängig von Herkunft, Rasse und Status, die an Gott glauben und Jesus nachfolgen, werden erfüllt und begabt durch den Heiligen Geist, um gemeinsam allen Menschen die frohe Botschaft zu verkündigen und Gott anzubeten.

Freitag

2. Korinther 11,2-15

Epheser 2,10

Epheser 1,4-6

1. Petrus 4,10

Unsere Bestimmung ist nach wie vor – vor allem – in Gott. Unser Platz entspricht dem, wie Gott uns geschaffen und welche Absichten er für uns hat, und zeigt, welche enorme Wertschätzung er uns entgegenbringt.

47. Woche

Unsere Bestimmung

Samstag

1. Mose 1,27

2. Korinther 5,17-21

Kolosser 3,10

Frauen, ebenso wie Männer, sind verloren, wenn sie zulassen, dass ihre Rolle ihre Identität bestimmt. Wenn wir also der Welt gestatten, unsere Identität zu bestimmen, dann verlieren wir uns an die Welt und nicht an Jesus.

48. Woche

Vergebung

Epheser 4,31-32

Das Schmieröl jeder Beziehung

Dienen ist heutzutage out! Menschen, die etwas für andere tun, ohne gleich zu denken „Was bekomme ich dafür?", trifft man immer seltener. Von Jesus, unserem größten Vorbild, heißt es dagegen: „Der Menschensohn ist nicht gekommen, um sich bedienen zu lassen, sondern um zu dienen" (Markus 10,45)! Er lebte, um anderen weiterzuhelfen, und nicht, um zu tun und zu lassen, was ihm Spaß machte, aber niemandem nützte. Wie viele Menschen würden über uns spontan Ähnliches sagen?

Wenn wir uns dazu entschließen, einander das Leben leichter, bequemer und erfreulicher zu machen, dann können wir das durchaus durch finanzielle oder praktische Hilfe tun, aber auch, indem wir uns gegenseitig vergeben. Aus Gottes Perspektive ist Vergeben kein Wahlfach im Lehrplan eines Christen, sondern ein Pflichtfach. Und die Prüfungen in diesem Fach sind auch nicht immer einfach. Doch jedes Mal, wenn wir unsere Prüfung im Fach Vergebung bestehen, erleben wir dreierlei: Wir selbst werden von feindseligen Gefühlen befreit, Menschen empfangen Heilung von Gott, und unsere Gebete werden erhört. Zu vergeben bringt enorm viel Segen ins Rollen. Damit das Gute in Gang kommt, braucht Gott uns als Diener, unabhängig davon, ob wir Täter oder Opfer sind. Egal, ob wir eine Kränkung ausgelöst haben oder von ihr betroffen sind – den ersten Schritt zu tun, liegt immer an uns. Den müssen *wir* gehen.

Epheser 4,31-32 ist eine gute Zusammenfassung von Gottes Richtlinien zum Thema Vergebung. Gott möchte, dass wir nicht einfach weitermachen. Wir sollen zum anderen hingehen. Uns mit ihm versöhnen und dann wieder ins Gespräch mit Gott kommen (Matthäus 5,23). Vergeben ist ein Prozess, und diesen Verbesserungsprozess, der positive Veränderungen bewirkt, sollen wir persönlich durchlaufen. Wir sind aufgefordert, uns darum zu kümmern, dass die Mauern fallen. Wir sollen dabei beides tun: unsere Fehler und unsere Reue bekennen. Dann sind wir frei und können zuversichtlich zu Gott kommen, wo wir auf offene Ohren stoßen. Wie und wann der andere reagiert, dafür sind wir nicht verantwortlich. Versöhnung kann spontan geschehen oder eine Zeitlang dauern.

Und was tun, wenn wir das Opfer sind? In Matthäus 18 spricht Jesus mit seinen Jüngern über die richtige Reaktion denen gegenüber, die ihre Mitmenschen falsch behandelt haben. Das Gespräch beginnt mit einer guten Frage von Petrus: „Herr, wie oft muss ich meinem Bruder vergeben, wenn er mir Unrecht tut?", oder anders gefragt: Gibt es Grenzen? „Nein", antwortet Jesus, „es gibt keine Grenzen." Wir sollen bereit sein, immer wieder zu vergeben. Und er nennt dann in seiner Antwort eine unbegrenzte Zahl: „Nein, nicht 7 mal, sondern 70 mal 7 mal!" Vergebung ist grenzenlos. Vergebung ist ein Lebensstil. Weil wir Empfänger der großzügigen Barmherzigkeit Gottes sind, sollen wir bereit sein, auch anderen grenzenlos zu vergeben. Wenn wir das nicht tun, sind wir hartherzig und reiben uns wund an unserer Hartherzigkeit (Vers 34-35). Mangelnde Barmherzigkeit oder eine übertrieben kritische Einstellung haben üble Konsequenzen. Was tun, damit Vergebung tatsächlich stattfindet? Denken Sie bewusst über Gottes grenzenlose Barmherzigkeit Ihnen gegenüber nach. Orientieren Sie sich an Menschen in der Bibel oder in Ihrem Umfeld, die bereit waren zu vergeben. Und bedenken Sie, wie viel Gutes das ins Rollen gebracht hat. So lebt sich's gut.

Tipp In genau dem Maß wie wir uns vorstellen können, was Gott uns alles vergeben hat, werden wir auch anderen vergeben können. Es geht letztendlich nicht um die Frage, ob wir es können, sondern ob wir es wollen (Matthäus 6,14).

Montag

Matthäus 5,23-24

Gottes Prozess der Vergebung besteht aus vier Schritten: Nicht einfach weitermachen, zum anderen hingehen, uns mit ihm versöhnen und wieder mit Gott ins Gespräch kommen.

Dienstag

Matthäus 18,21-35

Weil wir Empfänger der großzügigen Barmherzigkeit Gottes sind, sollen wir bereit sein, auch anderen grenzenlos zu vergeben.

48. Woche *Vergebung*

Mittwoch

Psalm 103

Psalm 32,5

Gott gewährt denen, die ihre Schuld vor ihm bekennen und sie bereuen, die Zusage seiner Vergebung.

48. Woche **Vergebung**

Donnerstag

Sprüche 28,13

Vergebung setzt eine tiefe Einsicht in das eigene Fehlverhalten sowie ehrliche Reue und den Wunsch nach Versöhnung voraus.

Freitag

Psalm 32,1-5

Psalm 51

1. Johannes 1,9

Buße tun, heißt: Gott zu sagen, dass wir etwas getan haben, was er sowieso schon gesehen hat. Er hat es eigentlich nicht nötig, unser Bekenntnis zu hören, aber für uns ist es nötig, es auszusprechen.

Samstag

1. Johannes 1,7-9

Das Eingeständnis der Schuld, wo man sich der Wahrheit stellt, stoppt ein Versteckspiel. Hier endet die Selbstrechtfertigung im Licht Gottes.

49. Woche

Vorurteile

📖 **Psalm 123**

Genau hinsehen lohnt sich

Der Goldpreis war gestiegen, und dementsprechend schossen allerorts Goldhäuser wie Pilze aus dem Boden. Laut Zeitungsanzeigen bieten ihre „seriösen und diskreten" Fachleute kostenlose Beratung an sowie die sofortige Barauszahlung des Geldes für den Ankauf von Gold aller Art. Das klingt gut, dachte ich, denn wir haben ein paar Schmuckstücke, die wir seit 30 Jahren nicht mehr tragen und nur von einer Schublade in die andere schieben. Aber, ehrlich gesagt, finde ich solche Angebote auch suspekt. Sie wecken bei mir Misstrauen. Trotzdem fuhr ich zum nächstgelegenen Geschäft für An- und Verkauf von Gold, denn für das Bargeld, das ich für den alten Schmuck bekommen würde, könnte ich mir bestimmt eine neue Kette kaufen, die meinem Geschmack entspräche. Als ich das Geschäft betrat, war alles so, wie ich es mir vorgestellt hatte: Unangenehm ruhig und befremdend. Nur ein äußerst gepflegter junger Mann mit gebräunter Haut saß hinter einem aufgeräumten Schreibtisch. Ich dachte gleich: Hier bin ich falsch! Das wird nichts werden! Dennoch folgte ich seiner Einladung, mich hinzusetzen und rückte das erste Schmuckstück aus meiner Tasche heraus. Als er das Teil auf die Waage legte, fielen mir ein christliches Buch und eine Bibel auf seinem Schreibtisch auf. Ich konnte es kaum fassen. War dieser junge „Fachmann" tatsächlich Christ? Ich sagte völlig erstaunt: „Ich kenne das Buch!" Worauf er mich mit noch größeren Augen fragte: „Sind Sie Christ?!" „Ja, leidenschaftlich!", antwortete ich erleichtert. „Und Sie?" „Ja, ich auch. Ich gehöre zu einer christlichen Gemeinde im Nachbarort. Mein Vater ist dort Pastor, aber weil die Gemeinde eine ganze Pastorenstelle nicht selbst finanzieren kann, sind wir auf ein zweites Standbein angewiesen!"

Ich hatte mit allem gerechnet, nur nicht damit. Am meisten war ich aber über meine vorgefasste Meinung überrascht, die mein Verhalten schon beim Betreten des Geschäftes beeinflusst hatte. Wir alle haben Vorurteile, die wir entweder von anderen Menschen übernommen oder die wir uns aufgrund bestimmter Erfahrungen gebildet haben. Anstatt uns selbst ein Bild zu machen und uns darüber eine eigene Auffassung zu erarbeiten, werden Klischees, Gerüchte oder auch aufgeschnappte Berichte und Informationen genutzt und als eigene Meinung übernommen. Aber manchmal ist es dran, diese Vorurteile zu überprüfen und zu revidieren. Wenn ich zum Beispiel voreingenommen bin und das negative Vorurteil habe, dass aus den nächsten Wochen und Monaten, die vor mir liegen, nichts Gutes werden wird, dann werde ich nur das sehen und hören, was ich sehen und hören will. Ich werde verstärkt auf die schlechten Tage achten und sie mir merken. Die guten Tage dagegen werde ich eher übersehen und sie deshalb auch nicht abspeichern. Was in meinem Gedächtnis haften bleibt, sind die negativen Situationen, und ich werde mich in meinem Vorurteil bestätigt fühlen und folglich meiner Zukunft keine Chance geben. Ich werde Gott wenig zutrauen und nicht mit seiner Gnade rechnen. Das wäre schade, denn Tatsache ist: Gott ist gut. Und Gott hat Gutes mit uns und anderen vor. Das sind „positive Vorurteile", oder in diesem Fall besser gesagt „Voreinstellungen", die unser Denken, Fühlen und Verhalten prägen sollten an jedem neuen Tag und bei jeder Begegnung. So lebt sich's gut.

Tipp

Überlegen Sie mal,
wer oder was Ihre Meinung
und Ihre Erwartungen über
eine Sache oder im Blick auf Menschen
am allermeisten beeinflusst und prägt?
Inwiefern ist Ihr Verhalten
dadurch beeinflusst?

Montag

Apostelgeschichte 15,36-41

2. Timotheus 4,11

Johannes 21,15-19

„Vorurteile sterben sehr langsam, und man kann nie sicher sein, dass sie wirklich tot sind“, sagt ein Sprichwort. Durchforsten Sie Ihre Vorurteilskammer und schauen Sie, wem Sie eine zweite Chance geben sollten.

Vorurteile

Dienstag

Johannes 1,45-46

1. Samuel 27,1

1. Samuel 30,6

Negative Vorurteile haben Auswirkungen auf unser Verhalten und können zu Entscheidungen mit weitreichenden Konsequenzen führen. Wo treffe ich voreilige Entscheidungen auf der Grundlage von Vorurteilen?

Mittwoch

Apostelgeschichte 10,23-35

Wir sehen und hören bekanntlich nur das, was wir sehen und hören wollen. Alles, was nicht in unser Weltbild passt, blenden wir bewusst oder unbewusst aus. Wo trifft das in meinem Leben zu?

Donnerstag

Römer 12,3

Matthäus 7,1-5

Es kann passieren, dass wir Vorurteile über uns selbst haben, z. B. dass wir glauben, wir seien nicht gut genug, nicht schön genug, nicht erfolgreich genug, nicht talentiert genug oder nicht wichtig genug. Folglich beurteilen wir nicht nur uns selbst verkehrt, sondern haben auch ein ungesundes Urteil über unseren Nächsten.

Freitag

Jakobus 2,1-13

Wenn wir einem fremden Menschen begegnen, dann entscheidet oft der erste Eindruck darüber, was wir von ihm halten. Um Vorurteilen vorzubeugen, helfen folgende Gedanken: „Ich will anderen eine Chance geben. Vielleicht begegnet mir Gott gerade in ihr oder ihm."

49. Woche

Vorurteile

Samstag

Galater 3,28

Markus 12,31

Johannes 13,34-35

Vorurteile führen dazu, dass sich Voreingenommenheit in unserem Herzen verankert. Gott möchte uns davor bewahren und davon befreien.

50. Woche

Wegbegleiter

Sprüche 13,20

Wir haben die Wahl!

Zusammen essen, spazieren gehen, basteln, Fahrrad fahren oder telefonieren und dabei immer wieder gute Unterhaltungen zu haben, das ist, was wir Menschen schätzen, aber auch sehr vermissen, wenn es mal über längere Zeit nicht möglich ist. Das Wichtigste bei all dem, was wir mit anderen Menschen unternehmen, ist nicht das Essen oder die Fahrradtour, sondern dass man sich Zeit nimmt, um mit Personen zusammen zu sein, die uns guttun, und dass wir ohne Zeitdruck unsere Gedanken und Gefühle mit ihnen teilen können. Wenn eine Frau eine Freundin fragt „Wollen wir nicht mal zusammen wandern gehen?", dann ist das ziemlich sicher eine codierte Einladung zu einem ausführlichen Gespräch. Bei Männern könnte es anders ablaufen. Wenn ein Mann einen Freund fragt „Wollen wir beide mal Pizza essen gehen?", dann fragt der Eingeladene höchstwahrscheinlich: „Ist was? Gibt's ein Problem, über das wir reden und das wir lösen müssen?" Aber grundsätzlich tragen gemeinsame Unternehmungen sowohl bei Männern wie bei Frauen zur Vertiefung von Beziehungen bei.

Manche Gespräche dienen dazu, Konflikte zu lösen, ein Geständnis zu machen, Lob und Dank zu äußern, guten Rat oder neue Ideen auszutauschen. Und manchmal merken wir, dass unsere Gegenüber unsere Spiegelbilder sind. Sie reflektieren bestimmte Eigenschaften von uns selbst, gute und schlechte Gewohnheiten, Neigungen oder Bedürfnisse. Diese Mitmenschen liefern uns Informationen über uns selbst. Manches finden wir gut, anderes gar nicht. Vielleicht ärgern wir uns sogar über einiges. Aber wir wissen dann, wie wir selbst auf andere wirken und erkennen hoffentlich, was wir an uns ändern müssen.

Die meisten von uns haben Freunde und Bekannte, die in ihrem Leben ein- und ausgehen, aber auch einige, die mit der Zeit immer wichtiger für uns werden. Laut Umfragen haben die meisten Menschen vier gute Wegbegleiter, sozusagen einen persönlichen Förderkreis, mit denen sie durchs Leben gehen. Das sind diejenigen, die uns unterstützen, wenn wir Hilfe brauchen, uns ermutigen, wenn wir versagt haben, die an uns glauben, uns stärken und trösten. Laut Bibel gibt es aber auch Menschen, die uns nicht guttun, und von daher müssen wir bei der Auswahl unserer Wegbegleiter vorsichtig sein. Falscher Einfluss kann uns in Schwierigkeiten bringen. Obwohl wir vielleicht denken, wir seien unabhängig von den Überzeugungen, Moralvorstellungen, Werten, Gewohnheiten oder Vorlieben falscher Freunde, werden wir laut Bibel von der Klugheit bzw. der Dummheit anderer Menschen beeinflusst. Das heißt praktisch: Wenn wir unsere Entschlossenheit fördern wollen, dann ist es klug, sich an Menschen zu halten, die zu ihren guten Vorsätzen stehen. Wenn wir barmherziger werden wollen, ist es klug, viel Zeit mit Menschen zu verbringen, die gnädig sind. Wenn wir Jesus kompromissloser nachfolgen wollen, ist es klug, mit Menschen zusammen zu sein, die uns in dieser Hinsicht ein Stück weit voraus sind. Wichtig ist, dass wir uns immer wieder fragen: Wie möchte ich mich als Mensch entwickeln? Was bewundere ich an anderen? Was finde ich gut, richtig, nachahmenswert? Was fehlt mir? Und auch: Wie kann ich selbst ein guter Wegbegleiter für andere sein. Sobald wir Antworten auf diese Fragen haben, ist der Rest eher eine Sache der Logik.

Tipp

Wir suchen so intensiv
den richtigen Arzt, das richtige Krankenhaus,
die richtige Versicherung oder die richtige Ausbildungsstätte.
Doch wie steht es mit unserer Suche nach guten Wegbegleitern?
Nehmen Sie sich Zeit, um aufzuschreiben,
was für eine Person Sie sein, bzw. werden möchten.

Montag

1. Korinther 15,33

Wenn das Leben eines Menschen bergab läuft, können wir den Beginn der Abwärtsbewegung oft auf eine Freundschaft mit einer falschen Person zurückführen, ganz nach dem Motto: Zeig mir, wer deine Freunde sind, und ich sage dir, wer du bist.

Dienstag

Sprüche 6,16-19

Jeder Mensch hat unsere Wertschätzung verdient, aber nicht jeder Mensch sollte auf unser Leben Einfluss ausüben dürfen. Vor dem Einfluss von überheblichen Besserwissern, Menschen, die lügen und betrügen, die Vorteile aus der Verletzbarkeit anderer ziehen, die mit bösen Plänen, Worten oder Taten Schaden anrichten, sollten wir uns schützen.

Mittwoch

Psalm 141,4-5

Psalm 1

Das Letzte, was wir gebrauchen können, ist der Umgang mit Menschen, die es sich zur Gewohnheit gemacht haben, schlechten Neigungen und Versuchungen nachzugeben. Wie lange würde es dauern, bis auch wir zu falschen Dingen tendieren?

Donnerstag

Sprüche 16,28

Es ist unmöglich, eine Beziehung zu Menschen aufrechtzuerhalten, die eine Abneigung gegen gewisse andere Menschen hegen, die immer Entschuldigungen erwarten, die selbstgerecht oder chronisch unversöhnlich sind. Solches Verhalten sollen wir nicht tolerieren, sondern danach streben, Jesus ähnlicher zu werden.

Freitag

Epheser 2,10

Matthäus 5,13-16

Wir sind dazu geschaffen, unser Leben in guter Gemeinschaft zu erleben, da, wo es Menschen gibt, die Jesus ähnlicher werden möchten, die ihre Zeit und Kraft dafür einsetzen, etwas zu verbessern.

Samstag

Wegbegleiter

- *1. Timotheus 1,15-17*
- *3. Johannes 11-12*
- *Hebräer 10,24*

Wir haben die Wahl, wer uns beeinflussen darf und soll. Und wir haben die Wahl, wie wir andere beeinflussen können und sollen. Dabei geht es weniger um Lebensstil, Persönlichkeit, Talente oder Gaben, sondern um Integrität und Charakter.

51. Woche

Werte

Hesekiel 36,26-27

Leitplanken fürs Leben

Wer in den 50er-Jahren vorwärtskommen wollte, musste fleißig sein, sich gehorsam einfügen und treu seine Pflichten erfüllen. Alt bewährte Traditionen prägten damals noch das Leben. In den 70er- und 80er-Jahren wurden das Lustprinzip und der freizügige Genuss höher bewertet als althergebrachte Ordnungen. In den 90er-Jahren sah man aufgrund des Materialismus der letzten Epoche des Jahrhunderts ein Defizit auf der emotionalen Seite. Emotionale und spirituelle Erfahrungen wurden nun wieder höher bewertet. Auch in Politik und Wirtschaft gewannen Werte wieder eine höhere Bedeutung. Der frühere Präsident der EU-Kommission Jacques Delors schrieb: „Europa braucht eine Seele. Eine Gemeinschaft, die auf rein materiellen Werten beruht, ist nicht tragfähig und hat keine Bindungskraft. Eine Globalisierung der Ethik ist wieder nötig."

Auf Initiative des früheren UNO-Generalsekretärs Kofi Annan erarbeiteten Vordenker aus allen bedeutenden Religionen und Kulturen einen Wertekatalog unter dem Titel „Brücken in die Zukunft". Diese Vordenker nannten die Werte Menschlichkeit, Gegenseitigkeit und Vertrauen als Voraussetzungen für ein friedliches Zusammenleben der Menschen. Sie waren überzeugt, dass die zentralen christlichen Werte Vergebung und Versöhnung für alle Menschen unverzichtbar sind. Doch obwohl eine solide Werte-Charta als Kompass sehr hilfreich ist, orientiert sich unsere Gesetzgebung nicht automatisch an den christlichen Werten. Was für viele als „christlich" gilt, sind oftmals allgemeingültige Einsichten. Darum müssen wir uns fragen: Welche Werte sind wirklich christlich?

Antwort: „Christlich" ist, was von Jesus Christus herkommt. Seine Botschaft heißt: „Kehrt um! Das Reich Gottes ist nahe" (Matthäus 4,17). Umkehren und auf Gottes Reich zugehen – da geht es nicht um eine statische Norm, sondern das ist ein Aufruf zu einer dynamischen Bewegung. Jesus bereitete seine Entscheidungen im Gespräch mit Gott vor und tat dann, was ihm von oben gezeigt wurde. Christliche Werte sind keine Forderungen, die einzuhalten sind, sondern sie entstehen, wenn wir Jesus nachfolgen, wenn wir erwarten, dass der Heilige Geist uns auf diesem Weg führt, lehrt, korrigiert. „Kehrt um" – das ist die erste Aufforderung von Jesus, die in seinem Programm für Nachfolge ganz oben steht. Damit ist eine Erneuerung des Denkens und Handelns gemeint. In dem Maß, in dem wir uns verändern lassen, können wir die Welt verändern.

Christliche Werte vertreten, heißt: Wir rechnen mit einer „Erneuerung des Herzens". Damit ist eine Verwandlung von innen nach außen gemeint, wie Hesekiel sie beschreibt. Dieser Aufruf zur Umkehr bedeutet, dass wir uns ganz bewusst zu Gott hinwenden, zu unseren Fehlern stehen, um die Erfüllung mit dem Heiligen Geist bitten und nach Gottes Willen fragen sollen. Der zweite Programmpunkt Jesu lautet: „Das Reich Gottes ist nahe!" Mit dem Reich Gottes meint er zweierlei: Einerseits, dass das Reich in seiner Person schon angebrochen ist. Wo immer Menschen tätig sind, die Jesus nachfolgen, soll etwas von Gott und seinem Reich sichtbar werden. Andererseits wird dieses Reich erst jenseits von Raum und Zeit vollkommene Wirklichkeit, wenn Himmel und Erde für die Ewigkeit neu erschaffen werden. Christliche Werte haben deswegen immer auch einen Hoffnungs-Überschuss auf das Ewige hin. So lebt sich's gut.

Tipp

Christliche Werte umsetzen heißt:
Die Beziehung zu Gott suchen,
jeden Menschen wertschätzen,
Initiative zum Guten ergreifen, vergeben und
versöhnen und nicht mit dem Geist der Macht
kämpfen, sondern mit der Macht
des Geistes dem Gemeinwohl dienen.

Montag

Römer 14,7

1. Korinther 13,13

Kolosser 3,17

Im Reich Gottes dominieren nicht die materiellen Werte, sondern Glaube, Liebe, Hoffnung und Gerechtigkeit, Frieden und Freude. Im Namen Jesu handeln, heißt: sich ähnlich verhalten, wie er es an unserer Stelle tun würde.

51. Woche **Werte**

Dienstag

Jakobus 5,12

Kolosser 3,8-10

Christliche Werte vertreten heißt: glaubwürdig sein. Was wir vertreten, entspricht unserer inneren Haltung. Die größte Überzeugungskraft liegt in unserer Eigenüberzeugung.

Mittwoch

1. Mose 1,28

Römer 8,20-25

Christliche Werte vertreten heißt: Verantwortung übernehmen. Als Nachfolger Jesu sind wir zum „Pflegedienst" unserer Mitmenschen, an allen Kreaturen und der ganzen Schöpfung aufgefordert, wobei die ganze Schöpfung Gottes Eigentum ist und bleibt.

Donnerstag

Matthäus 20,20-28

Christliche Werte vertreten heißt: alle Menschen wertschätzen. Solch eine Liebe kann man als Hand und Fuß des Glaubens bezeichnen. Sie weiß, dass alle Menschen von Gott geliebt sind und schenkt allen Menschen, auch den Schwachen, Anerkennung, Barmherzigkeit, Verständnis und Hilfsbereitschaft.

Freitag

Matthäus 5,5

5. Mose 5,21-26

Christliche Werte vertreten heißt: sich für Gerechtigkeit und Solidarität stark machen. Wer liebt, der wird andere Menschen nicht ungerecht behandeln, sondern alles tun, damit die Schätze der Natur – die allen Menschen auf der Erde anvertraut sind – auch allen zur Verfügung stehen.

51. Woche *Werte*

Samstag

Hebräer 12,14-15

Matthäus 5,9

2. Korinther 5,17-21

Christliche Werte vertreten heißt: dem Frieden nachjagen, Frieden mit sich selbst, mit Gott und mit allen Menschen. Versöhnung ist eine dynamische Kraft, die nicht nur Brücken baut, sie schafft auch den Raum für kreative Problemlösungen.

52. Woche

Zufriedenheit

Psalm 131

Die Kunst, glücklich zu leben

Die Worte „Hoch geflogen, tief gestürzt!" könnten eine Zusammenfassung unseres Lebens sein, wenn wir nie zufrieden sind. Wer immer höher hinaus will und sich dabei überschätzt, bleibt auf der Strecke. Vermessenheit hat ihren Preis (Jesaja 14,13-16). Am Ende besitzen wir größere Häuser, haben aber kaum Freunde, die mit uns am Tisch sitzen. Wir verfügen über mehr Komfort, haben aber keine Zeit, ihn zu genießen. Wir haben mehr Wissen angesammelt, aber weniger Urteilsvermögen. Wir haben mehr Berater, aber größere Probleme. Wir haben uns bemüht, allen zu zeigen, wie großartig wir sind, haben es aber versäumt, zu erkennen, wer wirklich groß ist – nämlich Gott.

Jesus hat etwas gesagt, worüber nachzudenken sich absolut lohnt, und zwar in Matthäus 16,26: „Was hat ein Mensch davon, wenn er die ganze Welt gewinnt, aber zuletzt sein Leben verliert. Womit will er es dann zurückkaufen?" Jesus liebt uns Menschen viel zu sehr, um uns ungehindert und geradewegs in das Gefängnis der eigenen Wünsche laufen zu lassen – ein Ort, an dem sich all diejenigen aufhalten, die ständig irgendeine Form von Mangel empfinden. Es sind Menschen, bei denen Dinge immer größer, schöner, besser oder schneller sein müssen. Tatsache ist: Wir können so sehr beschäftigt sein mit Produktivität, Erweiterungen, Vergrößerungen, Verbesserungen und Beschleunigung, dass die Unzufriedenheit nicht ausbleibt. Geschwindigkeit und Effizienz ermöglichen uns Produktivität und damit Erfolg. Aber weil wir zusätzlich auch noch beste Qualität haben wollen, rennen wir immer schneller in diesem Kreis. Oft beginnt es nur mit einer Sache: ein neuer Arbeitsplatz, ein neues Auto, eine neue Couch oder neue Terrassenmöbel. Es geht manchmal gar nicht um viel. Aber wir sind davon überzeugt, dass es uns gut gehen wird, wenn wir dieses Ziel erreicht haben. Und wir haben Recht. Sobald der Wunsch erfüllt ist, sind wir befreit von unserer Gefangenschaft. Doch bald darauf ist es wieder um uns geschehen.

Der typische Geruch der neuen Ledercouch ist verflogen, der neue Arbeitsplatz wird uninteressant, und die Nachbarn schaffen sich eine wunderschöne Gartenlounge an. Langsam, aber sicher, knistert es im Gehirn, und ehe wir uns versehen, sind wir erneut gefangen im Gefängnis der Wünsche.

In diesem Gefängnis befinden wir uns, wenn unsere Laune davon abhängig ist, ob unsere Wünsche in Erfüllung gehen. Wenn nur eine Bestellung im Internet, ein Gourmetessen im Lieblingsrestaurant, ein Tratsch über den Nächsten, eine weitere Stunde spielen im Internet oder sonst ein Wunsch uns das ersehnte Wohlbefinden bringen, sind wir gefangen. Dann sind uns unsere Wünsche zur Falle geworden. Aber es gibt eine gute Nachricht: Gott ist in Jesus in unsere Welt gekommen – und er bleibt. Er bleibt, um uns aus unserer Gefangenschaft zu befreien. Er bleibt, um unser guter Hirte zu sein, damit uns nichts mangelt. Bei unserem Schöpfer, Retter und Versorger finden wir den Ort, an dem unsere Unzufriedenheit von uns abfällt. Was wir im Leben entbehren, ist nichts im Vergleich zu dem, was wir in Gott haben. Und nichts von dem, was wir haben, ist letztlich unser Eigentum. Das letzte Hemd hat keine Taschen. Im Himmel wird man uns nicht als die Person mit den schönen Kleidungsstücken oder mit dem großen Haus kennen. Dort wird man nur unser Herz sehen. So lebt sich's gut.

Tipp Wenn Sie folgenden Satz lesen:
„Zum Zufriedensein fehlt mir nur…" –
was stünde bei Ihnen in der Lücke?
Und was passiert, wenn Ihr Wunsch niemals in Erfüllung geht? Könnten Sie jemals zufrieden sein, wenn sich an Ihren Umständen nichts ändert?

52. Woche

Zufriedenheit

Montag

Lukas 12,15

Hebräer 13,5-6

Es gibt nur zwei Wege, um genug zu kriegen: Sich weiterhin mehr und mehr anschaffen, oder weniger von allem verlangen. Nur der zweite funktioniert wirklich.

Dienstag

1. Samuel 16,7

Sprüche 14,30

Unser Besitz bestimmt nicht, wer wir sind. Wer wir sind, hat nichts damit zu tun, welche Kleider wir tragen oder welches Auto wir fahren, sondern mit Liebe, Barmherzigkeit, Geduld, Sanftmut und Freundlichkeit.

52. Woche

Zufriedenheit

Mittwoch

Psalm 23,1

Kolosser 1,3

Psalm 108,1-5

Wahre Zufriedenheit bedeutet, es stehen auf unserer Gebetsliste mehr Punkte, wofür wir Gott danken, als Bitten und Fürbitten.

Donnerstag

Lukas 4,18

Prediger 2,24

Philipper 4,11-13

Jesus ist gekommen, um uns von alledem zu befreien, was uns davon abhält, zufrieden zu sein. Wenn wir unseren Wert von unserem Besitz her bestimmen, dann werden wir uns einigermaßen gut fühlen, solange wir viel haben. Doch sollten wir einmal mit Wenigem auskommen müssen, dann wird es uns schlecht gehen.

Freitag

1. Timotheus 6,6-10

Wir haben alles, was wir brauchen, und das kann uns nichts und niemand nehmen. Kein irdischer Mangel kann uns unsere Errettung, unser Gebetsleben oder unseren himmlischen Besitz nehmen.

Samstag

Johannes 10,10

Was uns mangelt, ist die Erkenntnis, was wir in unserem Hirten haben: einen Gott, der uns hört, wenn wir uns an ihn wenden. Wir haben die Macht der Liebe hinter uns, den Heiligen Geist in uns und die Ewigkeit im Himmel vor uns. Wir haben Gottes Gnade für unsere Sünde, Gottes Führung für jede Wegbiegung, sein Licht für jede Dunkelheit und einen festen Anker für jeden Sturm.

Bibelstellen-Register

Doris Schulte

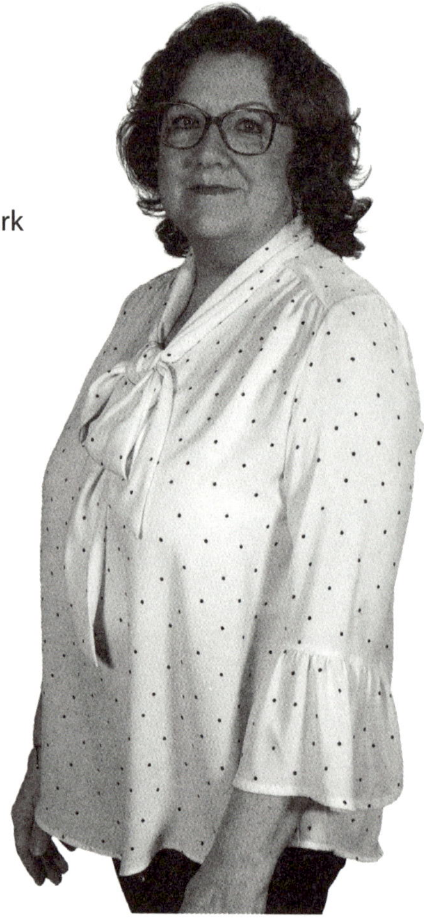

Jahrgang 1956,
geboren und aufgewachsen in Kanada, arbeitet beim Missions- und Bildungswerk Neues Leben e.V. als Evangelistin und Referentin für Frühstückstreffen, Seminare und Freizeiten.

Sie ist Buchautorin und in den Sendereihen „So lebt sich's gut", „Kawohl Augenblicke" und „Emmaus" bei Bibel TV zu sehen.

Doris Schulte ist seit 1975 mit Wilfried Schulte verheiratet. Sie wohnen im Westerwald und haben zwei Söhne und fünf Enkel.

Weitere Informationen, regelmäßige Impulse durch einen Newsletter, einige Folgen der Sendungen sowie einen kostenlosen Video-Glaubenskurs bietet Sie an auf Ihrer Website

www.doris-schulte.de

Weitere Artikel von Doris Schulte

Doris Schulte
365 Augenblicke mit Gott
Impulse für jeden Tag

Die Begegnung mit Gott hat immer Strahlkraft. Sie leuchtet in den Tag und das Leben hinein. Ein Moment mit seinem Wort wird zur Sternstunde, die Orientierung schenkt.
Doris Schulte geht auf Entdeckungsreise zu grundlegenden Wahrheiten über Gott und seinen Plan für uns. Dafür lädt sie 365 mal zum Bibellesen ein – mal zu längeren Passagen, mal zu mehreren kurzen Stellen, die zu Mut machenden Einsichten führen.
In ihren hilfreichen kurzen Auslegungen zeigt sie, was Gott von sich selbst preisgibt oder wozu er herausfordert.
Ein Jahres-Andachtsbuch, das Neugier weckt und besonders gut für Einsteiger geeignet ist, aber auch erfahrenen Christen einen klaren Blick auf Wesentliches schenkt und hilft, auf der richtigen Spur zu bleiben.

384 S., geb., 12 x 17 cm.
ISBN 978-3-86338-015-1